高等职业教育新形态一体化规划教材
（汽车机电技术系列）

汽车电工电子技术

主　编　张新敏　缑庆伟
副主编　高　燕　代金山
参　编　龚春梅　曹红玉　宋　明

机械工业出版社

本书分为 9 个项目，内容包括直流电路、交流电路、电磁及其应用、模拟电子技术、数字电子技术、单片机技术、汽车常用传感器的原理、汽车传感器的检测、汽车网络。本书配有学习工作页和二维码视频，可以帮助读者自主学习，有效地提高学习效果。

本书可以作为高等职业院校、高等专科院校汽车类专业教材，也可作为远程教育、自学考试等的教材和参考书。

本书配有电子课件，**凡使用本书作为教材的教师**可登录机械工业出版社教育服务网 www.cmpedu.com 注册后免费下载。咨询电话：010-88379375。

图书在版编目（CIP）数据

汽车电工电子技术/张新敏，猴庆伟主编. —北京：机械工业出版社，2018.7

高等职业教育新形态一体化规划教材. 汽车机电技术系列

ISBN 978-7-111-60352-8

Ⅰ.①汽⋯　Ⅱ.①张⋯②猴⋯　Ⅲ.①汽车-电工技术-高等职业教育-教材②汽车-电子技术-高等职业教育-教材　Ⅳ.①U463.6

中国版本图书馆 CIP 数据核字（2018）第 142888 号

机械工业出版社（北京市百万庄大街 22 号　邮政编码 100037）
策划编辑：蓝伙金　王淑花　　责任编辑：张双国　蓝伙金
责任校对：张　薇　　　　　　封面设计：鞠　杨
责任印制：张　博
北京彩和坊印刷有限公司印刷
2018 年 8 月第 1 版第 1 次印刷
184mm×260mm・12.25 印张・296 千字
0001—1900 册
标准书号：ISBN 978-7-111-60352-8
定价：49.80 元

凡购本书，如有缺页、倒页、脱页，由本社发行部调换

电话服务　　　　　　　　　　　网络服务
服务咨询热线：010-88379833　　机 工 官 网：www.cmpbook.com
读者购书热线：010-88379649　　机 工 官 博：weibo.com/cmp1952
　　　　　　　　　　　　　　　　教育服务网：www.cmpedu.com
封面无防伪标均为盗版　　　　金　书　网：www.golden-book.com

出版说明

教育部《关于全面提高高等职业教育教学质量的若干意见》指出,高职教育改革教学方法和手段应融"教、学、做"于一体,强化学生能力培养的教学模式,代表高职教学改革的发展方向。

教材是教学过程的主要载体,加强教材建设是深化教学改革的有效途径,推进人才培养模式改革的重要条件,也是保障教学基本质量、培养高端技能型人才和技术应用型人才的重要基础。

本套教材是作者团队结合多年的教学经验、德国双元制教育模式和理念创作完成的,借鉴了德国汽车职业教育的理念和培养模式,理论与实践相结合,具有很强的实践性、实用性,实现了德国双元制教育的本土化。

1. 培养目标说明

从职业分析入手,对职业岗位进行能力分解(包括倾听客户抱怨,技术咨询,接修检测,专业工具和仪器设备操作,故障诊断,维修保养),确定高职汽车检测与维修技术专业的培养目标是面向汽车"后市场",培养具有与本专业相适应的水平和良好的职业素养,掌握一定的专业理论知识,具备本专业的理论知识、实践技能以及较强的实际工作能力和经营管理能力,德、智、体、美等方面全面发展的高等技术应用型人才。

(1)一般能力 包括智商和情商,智商包括记忆力、思维能力、逻辑推理能力、空间想象能力、表达能力等;情商包括情绪控制能力、自我控制能力和人际交往能力。

(2)专业技能 专业技能主要通过专业课学习、培训开发转化而成,专业课应以岗位工作任务为依据,以项目为导向、任务驱动为原则构建教学内容,采取"教、学、做"一体化来开展教学活动,并重视通过校企合作、工学交替、顶岗实习等人才培养模式改革来培养和提高专业技能。

① 一般专业能力是应用能力、汽车阅读能力、汽车驾驶能力。

② 核心专业能力是汽车拆装能力、汽车检查能力、汽车修理能力、汽车故障诊断能力、汽车性能检测能力、汽车维修企业管理能力。

(3)综合能力 综合能力是一般能力和专业技能的综合运用能力,是解决复杂问题的能力,既涉及特定的专业综合能力,又涉及跨专业的职业核心能力。

1）专业综合能力。

① 专业地使用有关维修工具、诊断系统、测量仪、信息系统。

② 能按照电路图和工作说明进行操作作业，会选取材料和备件并完成订购过程；熟练地拆卸和安装部件和总成，并对不同部件进行维修。维修时，采取质量保证措施，保持工位的有序（5A）和整洁（5S）。

③ 能独立制订工作计划并进行实施，使工作过程可视化。遵守有关工作、安全规定和环保法规。能够查找资料与文献以取得有用的知识。

④ 能处理优惠和索赔委托任务。

2）专业的职业核心能力。跨专业的职业核心能力包括信息处理能力、沟通能力、组织协调能力和创新能力。

① 信息处理能力，即对信息的识别、整合和加工的能力。

② 沟通能力，即在交往过程中所表现出来的联络与协调能力。

③ 组织协调能力，即从工作任务出发，对资源进行分配、调控、激励、协调以实现工作目标的能力。

④ 创新能力，即创新事物、新方法的能力。近年来我国大力提倡要培养具有创新精神、创新意识和创新能力的人才，有必要在有关课程和教学活动中引导、培养创新创业、技改意识和能力，培养勤用脑、多动手、大胆想、敢突破的创新精神和能力。

2. 资源说明

这套教材是围绕职业教育"教、学、做"3个服务维度开发的，每本教材由主教材和学习工作页组成。主教材部分主要由构造、原理和检修内容组成，课后习题包括填空题、判断题、选择题和回答题以及工作任务步骤题，以此评价学习是否达标；学习工作页部分包括知识工作页和实训工作页两部分，知识工作页注重理论部分的复习和扩展，实训工作页注重流程和方法。

本套教材在内容选材、编写、呈现方式等多方面加强精品化建设，采用彩色印刷，同时配有电子课件、微视频/动画、习题答案等教学资源，为教、学、练提供便利。

纸质教材　包括主教材+学习工作页，采用彩色印刷，融"教、学、做"于一体。

电子课件　供教师上课、学生课前预习和课后复习使用，可以登录机械工业出版社教育服务网 www.cmpedu.com 注册后免费下载。咨询电话 010-88379375。

微视频/动画　课本中的部分重点、难点以视频形式给予讲解，读者可以扫描书中二维码链接观看。

机械工业出版社

前言

汽车已成为人们工作和生活之中不可缺少的部分，汽车电器也经历了从无到有、从简到繁、从辅助到主要的发展过程，其性能的好坏直接影响汽车的动力性、经济性、舒适性、可靠性与安全性等。

"汽车电工电子技术"是汽车电子技术专业、汽车运用与维修技术专业的专业基础课，本书是在总结"汽车电工电子技术"课程教学实践基础上，结合高职高专培养目标的特点编写的，主要介绍汽车电工与电子的基本概念、基本理论、基本原理和分析方法，为学习后续课程打下基础。本书内容实用精炼、通俗易懂、可操作性强，充分体现"高等""职业""汽车"三者并重的特色；通过试验将理论知识与实践联系起来，帮助学习者快速掌握仪器、仪表的使用方法。

本书由北京交通运输职业学院的张新敏、缑庆伟任主编并统稿，高燕、代金山任副主编。本书的编写分工：项目1由龚春梅编写，项目2和项目6由曹红玉、张新敏编写，项目3和项目7由高燕、缑庆伟编写，项目4和项目5由代金山编写，项目8由宋明编写，项目9由缑庆伟、张新敏编写。

本书在编写过程中，参考了一些教材和论著，并得到北京交通运输职业学院的老师们许多宝贵的建议和意见，在此深表感谢。

由于编者水平有限，书中难免会有不足之处，敬请广大读者批评指正。

编　者

目录

出版说明
前　言
项目 1　直流电路 ·· 1
　1.1　电路及其模型、电学物理量 ············· 1
　1.2　欧姆定律、电路的三种状态 ············· 5
　1.3　电阻、电感、电容 ···························· 6
　1.4　电路串联、并联 ································ 9
　1.5　基尔霍夫定律（支路电流法） ········ 10
　1.6　万用表的使用、元器件的识别与检测、
　　　 电学物理量的测量 ··························· 12
项目 2　交流电路 ··· 18
　2.1　认知正弦交流电 ······························ 18
　2.2　认知正弦交流电路 ·························· 20
　2.3　认知三相交流电 ······························ 25
　2.4　使用示波器测量电信号 ·················· 26
项目 3　电磁及其应用 ································· 29
　3.1　磁 ·· 29
　3.2　电磁原理的应用 ······························ 33
　3.3　点火线圈 ·· 36
　3.4　发电机和电动机 ······························ 37
　3.5　汽车点火线圈的结构认知与检验 ···· 43
　3.6　搭接继电器回路 ······························ 45
　3.7　汽车发电机的测量 ·························· 46
项目 4　模拟电子技术 ································· 49
　4.1　半导体材料、二极管 ······················ 49
　4.2　晶体管 ·· 53
　4.3　NPN 共射极放大电路、集成运放 ·· 55
　4.4　直流稳压电源、单相半波整流、单相
　　　 桥式整流 ··· 58
　4.5　电容滤波、并联稳压、三端稳压器 ···· 59

　4.6　汽车发电机三相桥式整流电路、汽车
　　　 发电机调压电路 ······························ 62
　4.7　二极管与晶体管的测量 ·················· 63
　4.8　汽车发电机故障确认 ······················ 64
项目 5　数字电子技术 ································· 68
　5.1　数制 ·· 68
　5.2　码制 ·· 69
　5.3　逻辑代数与基本运算、逻辑代数的运算
　　　 法则 ··· 72
　5.4　基本逻辑门电路、复合逻辑门电路、
　　　 组合逻辑电路 ··································· 76
项目 6　单片机技术 ····································· 80
　6.1　认知 MCS-51 单片机硬件结构 ······· 80
　6.2　认知 MCS-51 单片机指令系统 ······· 84
　6.3　认知 MCS-51 单片机中断技术 ······· 85
项目 7　汽车常用传感器原理 ····················· 88
　7.1　认识汽车上的传感器 ······················ 88
　7.2　电阻式传感器在汽车上的应用举例 ···· 89
　7.3　电感式传感器和电容式传感器在汽车上的
　　　 应用 ··· 94
项目 8　汽车传感器的检测 ························· 98
　8.1　常见汽车电阻式传感器的检测 ······ 98
　8.2　常见汽车电感式传感器的检测 ···· 101
项目 9　汽车网络 ······································· 104
　9.1　概述 ·· 104
　9.2　汽车网络的类型和应用 ················ 107
　9.3　CAN 总线网络系统 ······················ 109
　9.4　LIN 总线网络系统 ························ 115
　9.5　MOST 总线网络系统 ···················· 117
参考文献 ·· 121

项目 1

直流电路

1.1 电路及其模型、电学物理量

学习目标

- 了解电路及电路模型的基本概念。
- 掌握电学基本物理量。
- 掌握电位的计算方法及其应用。

1.1.1 电路

电路是电流流过的路径。电路是由电源、负载和中间环节等部分构成的。图 1-1a 是最简单的电路，电源是干电池，负载是白炽灯，中间环节是导线和开关。对电源来讲，负载和中间环节称为外电路，电源内部的电路称为内电路。

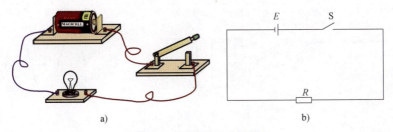

图 1-1 最简单的电路图
a) 实物接线图　b) 电路模型

电灯泡实验

课程互动：
1. 准备一些电池、开关、小灯泡、导线等，搭建一个最简单的电路。
2. 请说出电路的基本组成。

1.1.2 电路模型

图 1-1b 为图 a 的电路模型，当合上开关时，电路接通，电路中有电流通过，灯亮；当开关断开时，电路开路，电路中没有电流流过，灯不亮。

汽车电路图中常用的图形符号见表1-1。

表1-1 汽车电路图中常用的图形符号

名称	图形符号	文字符号	名称	图形符号	文字符号	名称	图形符号	文字符号
开关	─/─	S 或 SA	接地	⏚		导线连接或不连接	─•─ / ─┼─	
电阻	─▭─	R	接机壳（搭铁）	⊥		端子	─○	
线圈	─⌇⌇⌇─	L	电流表	─Ⓐ─	PA	电容	─┤├─	C
铁心线圈	─⌇⌇⌇─	L	电压表	─Ⓥ─	PV	指示灯	─⊗─	HL
抽头线圈	─⌇⌇⌇─	L	二极管	─▷├─	V 或 VD	熔断器	─▭─	FU

1.1.3 电学物理量

1. 电流

电流是电荷定向移动形成的。在金属导体中，实质上能定向移动的电荷是带负电的自由电子；在导电液体（如蓄电池的电解液）中，能定向移动的电荷分别是带正电的正离子和带负电的负离子。习惯上把正电荷定向移动的方向规定为电流的方向。

根据电流的变化可将电流分为直流电流和交流电流。图1-2给出了几种电流的曲线。

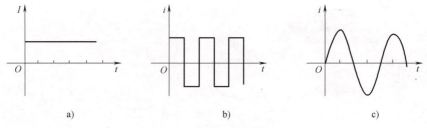

图1-2 几种电流的曲线

a）恒定直流电 b）脉冲交流电 c）正弦交流电

电流大小也简称为电流，指单位时间内通过导体横截面的电量。如果时间t内匀速流过导体横截面的电量为Q，则电流的大小为

$$I=\frac{Q}{t} \tag{1-1}$$

式中 I——导体中的电流，单位为安培（A）；

Q——在时间t内通过导体横截面的电量，单位为库仑（C）；

t——通过电流的时间，单位为秒（s）。

在国际单位制中，电流的单位是安培（简称为安，符号为A）。通常使用的单位还有千安（kA）、毫安（mA）、微安（μA）等。

如果在1s内通过导体横截面的电荷是1C，则导体中的电流是1A。

电路较复杂时，很难判定电流的实际方向。为此，在进行电路分析与计算时，常常可事先选定某一方向作为电流的参考方向，也称为正方向。如图1-3a所示，当实际方向与选择的参考方向一致时，电流值为正数；如图1-3b所示，当实际方向与参考方向相反时，电流值为负数。

图 1-3 电流参考方向与实际方向的关系

a）参考方向与实际方向相同　b）参考方向与实际方向相反

分析电路时，图中所标的均为参考方向，用实线箭头"→"表示，或用双下标表示。如i_{ab}表示a到b的电流，i_{ba}表示b到a的电流，$i_{ab}=-i_{ba}$。电流的实际方向可用虚线箭头"⇢"表示，如图1-3所示。电流参考方向的选择原则上可任意选，但若已知实际方向，则参考方向的选择应尽量与实际方向一致。

2. 电压

电路中a、b两点间的电压指单位正电荷在电场力作用下由a点移动到b点时，电场力所做的功。电压用字母U表示，

$$U_{ab}=\frac{W_{ab}}{Q} \tag{1-2}$$

式中　U_{ab}——a点与b点间的电压（电位差），单位为伏（V）；

　　　W_{ab}——电场力所做的功，单位为焦（J）；

　　　Q——被移动电荷的电荷量，单位为库伦（C）。

在国际单位制中，电压的单位是伏特（简称为伏，符号为V）。通常使用的单位还有千伏（kV）、毫伏（mV）、微伏（μV）等。

为分析电路方便，通常在分析电压之前先选定电压的参考方向，原则上可任意选，但若已知实际电压方向，则参考方向应尽量与实际方向一致。若已知电流的参考方向，则电压的参考方向的选择最好与电流的参考方向一致，称为关联参考方向。电压、电流的参考方向不一致时，称为非关联参考方向。

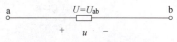

图 1-4 电压的参考方向

在电路分析中，所标的电压方向均为参考方向，其表示方法有：

1）用双下标表示：U_{ab}表明电压参考方向为从a指向b。

2）用"+""-"极性表示，电压从正极性端到负极性端。如图1-4所示，两种电压参考方向的表示都是一样的。

3. 电位

电位是一个相对的概念，为了便于分析和维修电路，通常需要选定某一点作为参考点。参考点的电压通常规定为零，参考点用字母"O"表示，在电路中用"⊥"

表示；原则上可任意选取，但习惯上选接地点、接机壳点或电路中连线最多的点作为参考点。

电路中某一点的电位就是该点到参考点的电压，用字母 V 表示。电位的单位与电压的一样，是伏（V）。

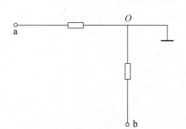

图 1-5 电位与电压的关系

如图 1-5 中 a 点的电位为

$$V_a = U_{ao} \tag{1-3}$$

参考点本身的电位为零，所以参考点又称为零电位点。

如果已知 a、b 两点的电位分别为 V_a、V_b，则 a、b 两点间的电压为

$$U_{ab} = U_{ao} + U_{ob} = U_{ao} - U_{bo} = V_a - V_b \tag{1-4}$$

即两点间的电压等于这两点的电位的差，所以电压又称为电位差。

电位具有相对性，即电路中某点的电位随参考点位置的改变而发生改变；而电位差（也就是电压）具有绝对性，即电路中任意两点之间的电位差值与电路中参考点的位置无关。

由式（1-4）可知，$U_{ab} = -U_{ba}$。如果 $U_{ab}>0$，则 $V_a>V_b$，说明 a 点电位高于 b 点电位；反之，如果 $U_{ab}<0$，则 $V_a<V_b$，说明 a 点电位低于 b 点电位。

4. 电动势

电动势是衡量电源将非电能转换成电能本领大小的物理量。电动势的定义：在电源的内部，外力将单位正电荷从电源的负极移动到电源的正极所做的功。电动势用符号 E 表示，其数学表达式为

$$E = \frac{W}{Q} \tag{1-5}$$

式中　E——电源的电动势，单位为伏（V）；

　　　W——外力对电荷所做的功，单位为焦（J）；

　　　Q——被移动电荷的电荷量，单位为库仑（C）。

电动势的大小只取决于电源本身的性质，与外电路无关。对于一个电源来说，它既有电动势，又有端电压。电动势只存在于电源的内部，方向是从负极到正极。

5. 电功率

电功率的定义：电流在单位时间内所做的功，称为电功率，简称功率，用符号 P 表示。电功率是电路分析中常用的一个物理量，通常用电功率描述电流做功的快慢，其计算公式为

$$P = UI = I^2 R = \frac{U^2}{R} \tag{1-6}$$

在国际单位制中，功率的单位是瓦特（简称为瓦，符号为 W）。通常使用的单位还有千瓦（kW）、毫瓦（mW）等。

由式（1-6）可知，$1W = 1V \cdot A$。功率与时间的乘积为该段时间内电路转换的能量，能量的国际单位为焦耳（简称为焦，符号为 J）。如果功率的单位为 kW（$1kW = 10^3 W$），时间的单位为 h（$1h = 3600s$），则所转换电能的单位为 $kW \cdot h$（千瓦·时），俗称度。

课程互动：
1. 请说出电流参考方向与实际方向的关系。
2. 请说出电压的两种表示方法。
3. 请说出电位与电位差之间的关系。
4. 指导学生区分电动势与端电压。

1.2 欧姆定律、电路的三种状态

> **学习目标**
> - 能够区分部分电路欧姆定律和全电路欧姆定律。
> - 认识电路的三种状态。
> - 熟练应用欧姆定律公式。

德国物理学家欧姆在大量实验的基础上总结出关于电压、电流和电阻三者关系的定律，称为欧姆定律，用于计算电路中的电压、电流和电阻3个物理量。

1.2.1 欧姆定律

1. 部分电路欧姆定律

不含电源的一段电路称为部分电路。实验证明：在部分电路中，通过电路的电流大小与这段电路两端的电压大小成正比，与这段电路的电阻值成反比。这就是部分电路欧姆定律。若电路中电压和电流所选的参考方向相同，则可用公式表示为

$$I = \frac{U}{R} \text{ 或 } U = IR \tag{1-7}$$

式中　U——电阻两端的电压，单位为伏（V）；
　　　I——电路中的电流，单位为安（A）；
　　　R——导体的电阻，单位为欧姆（Ω）。

由欧姆定律的表达式可见，当所加电压 U 一定时，电阻 R 越大，电流 I 越小。这说明电阻具有对电流起阻碍作用的物理性质。

2. 全电路欧姆定律

含有电源的闭合电路称为全电路。如图1-6所示，图中点画线框内为电源内电路，r 为电源的内电阻。实验证明：在全电路中，通过电路的电流与电源电动势的大小成正比，与电路的总电阻成反比。这就是全电路欧姆定律，用公式表示为

$$I = \frac{E}{R+r} \tag{1-8}$$

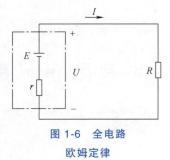

图1-6　全电路欧姆定律

式中　E——电源的电动势，单位为伏（V）；
　　　R——外电路电阻，单位为欧姆（Ω）；
　　　r——内电路电阻，单位为欧姆（Ω）；

欧姆定律

I——电路中的电流,单位为安(A)。

由式(1-8)得

$$E = RI + rI = U + U_r \qquad (1\text{-}9)$$

式中 U——外电路的电压降,也称为端电压;

U_r——内电路的电压降,也称为内阻压降。

所以,电源的电动势等于端电压与内阻压降之和。

> 课程互动:
> 1. 指导学生分析欧姆定律的各种数学表达形式。
> 2. 请说出部分电路欧姆定律与全电路欧姆定律的区别。
> 3. 请上网查询欧姆定律的适用范围。

1.2.2 电路的三种状态

1. 通路

通路指电源与负载构成了闭合回路,电流从电源出发,经过负载后回到电源的状态。

2. 断路(开路)

断路又称开路,指电源与负载没有形成闭合通路、电路中没有电流的状态。

在汽车电路中,电源与负载之间的连接导线松脱、负载与金属部分接触不良,都会引起断路故障。所以,在接线时要牢固可靠以避免断路故障发生。

3. 短路

短路指电流从电源出发,不经负载而经导体直接回到电源的状态,如图1-7所示。

由于这时电路中的电阻近似为零,因此电路中的短路电流比正常时的电流大几十或几百倍。这样大的短路电流通过电路将产生大量的热,不仅损坏导线、电源和其他电气设备,严重时还会引起火灾。所以,汽车电路中一方面加装短路保护装置,另一方面对连接导线的绝缘提出了较高要求。

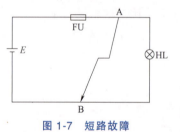
图1-7 短路故障

> 课程互动:
> 1. 请说出电路的三种状态。
> 2. 上网查找短路所造成的危害。

1.3 电阻、电感、电容

学习目标

- 了解电阻、电感和电容的基本知识。
- 熟悉电感中的自感和互感现象。
- 掌握电阻大小与温度之间的关系。

1.3.1 电阻

物体对电流的阻碍作用称为电阻。电阻作用使电流流过物体时把电能转换成其他形式的能量。电阻反映了导体的导电能力,它的大小与导体的材料、长度以及导体横截面面积有关,还与导体的温度有关。实验证明,在一定温度下,导体的电阻与导体的长度成正比,与导体的横截面面积成反比,即

$$R = \rho \frac{L}{S} \tag{1-10}$$

式中　R——导体的电阻,单位为欧姆（Ω）;
　　　ρ——电阻率（反映导体材料性质）,单位为欧姆米（Ω·m）;
　　　L——导体的长度,单位为米（m）;
　　　S——导体的横截面面积,单位为平方米（m²）。

在国际单位制中,电阻的单位是欧姆（简称为欧,符号为Ω）。通常使用的单位还有千欧（kΩ）、兆欧（MΩ）等。

滑动变阻器的使用

> **课程互动:**
> 请说出导体电阻的大小受何种因素影响。

1.3.2 电感

用导线绕制而成的线圈就是一个电感器,也称为电感线圈或电感元件,用字母 L 表示。电流通过电感线圈时产生磁场,磁场具有能量,所以电感器是一种储能元件。电感器按导磁体性质可分为空心线圈和铁心线圈两种,其符号如图1-8所示。

电感也称电感量,表示线圈本身固有的特性,由载流导体周围形成的磁场产生。如图1-9所示,当电流 I 通过有 N 匝的线圈时,每匝线圈中产生的磁通量为 Φ,则 N 匝线圈的磁通量为 $N\Phi$,磁通量 Φ 的方向可由电流 I 的方向根据通电螺线管的安培定则（右手定则）确定。

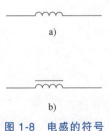

图1-8　电感的符号
a）空心线圈　b）铁心线圈

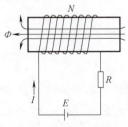

图1-9　电感线圈电路

通过导体的电流产生与电流成比例的磁通量。一个电流的变化产生一个磁通量的变化,与此同时也产生一个电动势以"反抗"这种电流的变化。

$$L = N \frac{\Phi}{I} \tag{1-11}$$

在国际单位制中,电感的单位是亨利（简称为亨,符号为H）,常用单位还有毫亨（mH）、微亨（μH）等。

电阻阻碍电流流通的作用是以消耗电能为标志的,而电感阻碍电流的作用则是不让电流发生变化。当电流增大时,电感阻碍电流增大;当电流减小时,电感阻碍电流减小。

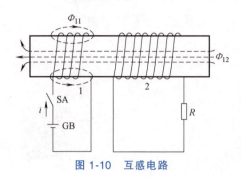

图 1-10 互感电路

由通过线圈的电流变化而产生感应电动势的现象称为自感现象。

电感的大小与线圈的匝数、形状、大小以及周围介质的磁导率有关。对于铁心线圈,由于铁磁材料的磁导率不是常数,所以它的电感随外电流的变化而发生变化。在其他条件相同的情况下,线圈匝数越多,电感越大。

互感现象指一个线圈中的电流变化而使另一个线圈产生感应电动势的现象。互感电路如图 1-10 所示。互感现象产生的电动势称为互感电动势,用符号 e_M 表示。

> 课程互动:
> 请说出电感的自感现象和互感现象。

1.3.3 电容

电容器是由被绝缘物质隔开而又相互靠近的两个导体组成的,用以储存和容纳电荷,也简称为电容。两个导体称为电容器的极板,用引线引出,中间的绝缘物质称为电介质。常见的电介质有空气、蜡纸和云母等。电容器的结构和符号如图 1-11 所示。

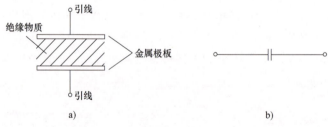

图 1-11 电容器的结构和符号
a) 最简单的电容器结构 b) 电容器的符号

电容器最基本的特性是能够储存电荷,当电容器极板上有电荷聚集时,两极板间就建立电场,产生电压。不同的电容器储存电荷的能力是不一样的。对于给定的电容器,它储存电荷的电量 Q 与其建立电场所产生的电压 U 的比值是一个常数。这个常数既反映了电容器储存电荷、维持电压的物理性质,又表示了电容器储存电荷的能力。这个常数称为电容器的电容量,简称电容,用符号 C 表示。

$$C = \frac{Q}{U} \tag{1-12}$$

式中 C——电容器的电容量,单位为法(F);
Q——极板上的电荷量,单位为库仑(C);

U——两极板间的电压，单位为伏（V）。

在国际单位制中，电容量的单位是法拉（简称为法，符号为F）。在实际应用中，法拉（F）这个单位太大，常用的单位还有毫法（mF）、微法（μF）、纳法（nF）、皮法（pF）。

从式（1-12）可知，若已知电容器在电路中的两个量，可以通过该式计算出第3个量，但不能理解为电容的大小取决于所带电量及极板间的电压。电容是电容元件固有的参数，它与极板上所带的电荷量以及电容元件两端的电压无关。电容与极板面积成正比，与极板间的距离成反比，还与极板间的介质有关。

课程互动：
请说出电容的大小与何种因素有关。

1.4 电路串联、并联

学习目标
- 掌握电阻串联、并联的特点。
- 能够熟练运用公式解决实际问题。

1.4.1 电阻的串联电路

几个电阻首、尾顺序相连，引出两个接线端，中间无分支，则称这几个电阻串联。图1-12所示为3个电阻串联的电路。

串联电路有以下特点：
1）流过每个电阻的电流相等，并等于总电流。
2）电路两端的总电压等于各电阻两端的分电压之和。
3）电路的总电阻等于各电阻之和。
4）每个电阻上分配到的电压与电阻成正比。

串联电路的这些特点在实际中有很多应用，例如，电压表利用串联不同的电阻来扩大其量程，利用电阻串联构成的分压器来获得几种不同的电压输出等。

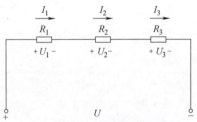

图1-12 3个电阻串联的电路

课程互动：
1. 请说出串联电路的特点。
2. 请从网上查找出电阻串联的实际应用。

电阻串并联

1.4.2 电阻的并联电路

几个电阻的首、尾接在相同两点之间所构成的电路称为并联电路。如图1-13所示为3个电阻并联的电路。

并联电路有以下特点：
1）各电阻两端的电压相等，并等于总电压。
2）总电流等于各电阻分电流之和。
3）电路的总电阻（等效电阻）的倒数等于各分电阻倒数之和。

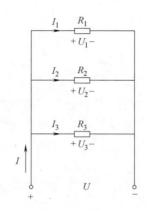

图1-13 3个电阻并联的电路

4）每个电阻分配到的电流与电阻成反比。

并联电路的这些特点在实际中也获得了广泛的应用，例如，汽车上的起动电动机、刮水器、照明灯等工作电压相同的设备并联使用，可使电气设备的工作互不影响。

> 课程互动：
> 1. 请说出并联电路的特点。
> 2. 请从网上查找电阻并联的实际应用。

1.5 基尔霍夫定律（支路电流法）

学习目标

- 了解电路的相关术语。
- 掌握基尔霍夫电流定律和电压定律。
- 掌握支路电流法。

运用欧姆定律和电阻串并联能求解的电路称为简单电路，否则就是复杂电路。求解复杂电路时，要用到基尔霍夫定律。

在引入基尔霍夫定律之前，先介绍几个常用的电路术语。

（1）支路　电路中每一段不分支的电路，称为一条支路。如图1-14所示电路中有3条支路：acb、adb、ab。

（2）节点　电路中支路的交点称为节点。如图1-14所示电路中有两个节点：a与b。

（3）回路　电路中由支路组成的闭合路径称为回路。如图1-14所示电路中有3个回路：adba、abca、adbca。

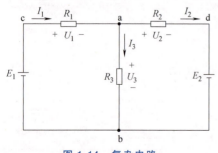

图1-14 复杂电路

（4）网孔　回路内不含支路的回路称为网孔，即一个"窟窿"为一个网孔。如图 1-14 所示电路中有两个网孔：abca、adba。

1.5.1　基尔霍夫定律

1. 基尔霍夫电流定律

基尔霍夫电流定律简写为 KCL，又称为基尔霍夫第一定律。其内容为：对于电路的任一节点，在任一时刻，流入该节点全部电流的总和等于流出该节点全部电流的总和。即

$$\sum I_i = \sum I_o \tag{1-13}$$

又可写成

$$\sum I = 0 \tag{1-14}$$

它也可描述为：在任一时刻，电路任一节点所连各支路电流的代数和为零。在分析未知电路时，可先假设支路电流的参考方向，然后列出节点电流方程。通常可将流进该节点的电流取正值，流出该节点的电流取负值，再根据计算值的正负来确定未知电流的实际方向。有些电路的电流可能是负值，这表明所假设的电流方向与实际电流方向相反。

列 KCL 方程的步骤如下：
1) 找出节点所连支路。
2) 标出各支路电流参考方向。
3) 列出 KCL 方程。

2. 基尔霍夫电压定律

基尔霍夫电压定律简写为 KVL，又称为基尔霍夫第二定律。其内容为：对于电路中任一回路，在任一时刻，组成该回路的各支路的电压的代数和为零。即

$$\sum U = 0 \tag{1-15}$$

该方程称为 KVL 方程，又称为回路电压方程。

列 KVL 方程的步骤如下：
1) 找出组成回路的各支路及支路上的元件。
2) 选定各支路电流方向，确定回路的绕行方向是顺时针方向还是逆时针方向。

> 课程互动：
> 1. 请说出 KCL、KVL 所研究的对象是什么。
> 2. 请说出复杂电路中网孔与回路的区别。
> 3. 明确计算结果与实际方向及参考方向的关系。

1.5.2　支路电流法

在计算复杂电路的各种方法中，支路电流法是最基本的，它是应用基尔霍夫电压定律和电流定律分别对节点和回路列出所需要的方程组，而后解出各未知支路电流。

列方程时，必须先在电路图上选定好未知支路电流的正方向。

1.6 万用表的使用、元器件的识别与检测、电学物理量的测量

> **学习目标**
> - 掌握数字式万用表的使用方法。
> - 掌握元器件的识别与检测方法。
> - 使用万用表测量电学物理量。

1.6.1 万用表的使用

数字式万用表是把连续的被测模拟电参量自动变成断续的量，用数字编码方式并以十进制数字自动显示测量结果的一种电测量仪表。数字式万用表具有输入阻抗高、误差小、读数直观的优点。随着大规模集成电路技术的发展和成熟，数字式万用表的稳定性越来越好，价格越来越便宜，这使得数字式万用表的使用也越来越普遍。

数字式万用表的测量基础是直流数字电压表，其他功能都是在此基础上扩展而成的。

数字式万用表的显示位数越多，测量精度越高。如图 1-15 所示是一块数字式万用表，可用来测量直流和交流电压、直流和交流电流、电阻、电容、二极管和晶体管等电路参数。

图 1-15 数字式万用表

1. 正确选择表笔

使用前启动万用表，按下"POWER"键。取出测量表笔，如图 1-16 所示。检查表笔绝缘层是否完好，有无破损和断线。红、黑表笔应插在符合测量要求的插孔内，保证接触良好。通常情况下，红表笔代表测量时的正极，黑表笔代表测量时的负极。

黑表笔要插在黑色插孔"COM"中，如图 1-17 所示。红表笔要根据所测量的项目和量程选择插孔，测量电压和电阻时，应选择"VΩ"插孔；测量小电流时，应选择"mA"插孔；如果测量的电流较大时，应选择"20A"插孔。

当屏幕上显示" "时，说明万用表的电池电量不足，应更换电池，否则会影响测量结果的准确性。

2. 正确选择量程

万用表的测试项目和量程选择通过拨盘实现，如图 1-18 所示。中间拨盘开关箭头所指的位置是被选择的测试项目和量程，图 1-18 中选择的是测量直流电压，量程是 20V。

拨盘开关周围的数值是选择该档位量程时所能测量的最大值。当被测值高于该量程的最大测量值时，液晶显示屏将只显示左侧一位"1"，以此表明测量结果已经

图 1-16　万用表测量表笔

图 1-17　万用表表笔插孔

超出量程，需扩大量程后才能进行测量。

量程拨盘开关需要与表笔相互配合才能完成测量。在转换量程时，应先停止测量，待转换量程后再重新开始测量。禁止在持续测量中转换量程，以免造成万用表的损坏。

3. 关闭万用表

不使用万用表时应将其关闭，使"POWER"按键开关处于释放状态。拨盘开关的位置应置于交流电压最大档位，以此提供对万用表的额外保护。

图 1-18　万用表量程拨盘

> 课程互动：
> 1. 请说出数字式万用表的基本操作方法。
> 2. 请说出测量内容与选择表笔插孔之间的关系。

1.6.2　元器件的识别与检测

1. 电阻的识别与检测

（1）电阻的识别　电阻器（也可简称为电阻）的阻值一般有直标法、文字符号法、数码法和色标法等几种标识方法。目前数码法用得最多。

数码法用 3 位阿拉伯数字表示电阻器的阻值，其前两位数字表示阻值的有效数，第 3 位数字表示有效数后面零的个数。当阻值小于 10Ω 时，以 "×R×（×代表数字）"表示，将 R 看作小数点，如图 1-19 所示。

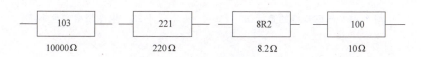

图 1-19　电阻的数码表示法

（2）电阻的检测

1）测量电阻时，红表笔接于"VΩ"插孔，拨盘开关选择电阻档位，在无法预测电阻器阻值时，可先选择较大的量程，再根据测试情况调整量程进行准确测量。

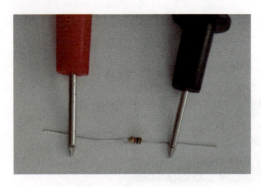

2）测量时可以采用的方法有：左手握住电阻器绝缘部位，右手握住表笔跨接被测量电阻器引脚，注意此时人体部位不能接触被测电阻器引脚或表笔。也可采用另一方法：把电阻器放在桌子上，表笔直接搭在测试脚上，如图 1-20 所示。注意：如果万用表显示"1"，说明万用表电阻档量程选取不够大或电阻器断路，可选取量程大的档位测量。如果选取 20MΩ 档位仍显示"1"，说明电阻器断路。如果万用表显示"0.00"，说明万用表量程选得过大或电阻器短路，应选取量程小的档位继续测试。如果选取 20Ω 档位仍出现"0.00"或远远小于电阻原数值，可判定电阻器短路。

图 1-20 万用表测电阻

3）调换红、黑表笔的位置，观察测量结果是否有变化。结果表明，测量电阻时，红、黑表笔的位置不会影响最终的测量结果。

4）选择 3 个电阻器，在每个量程下分别进行测试，并把测试结果记录下来。在测量中，可通过调换红、黑表笔的位置来验证表笔位置是否对实际测试结果有影响。

万用表测电阻

> **课程互动：**
> 请说出电阻的检测方法，并使用万用表测量电阻阻值。

2. 电感的识别与检测

（1）电感的识别

1）直标法，如图 1-21 所示。

2）色标法。色环法是在电感表面涂上不同的色环来代表电感量（与电阻类似），通常用 3 个或 4 个色环表示。识别色环时，紧靠电感体一端的色环为第一环，露出电感体本色较多的另一端为末环。色标法第 1、2 环表示两位有效数字，第 3 环表示倍乘数，第 4 环表示允许偏差，如图 1-22 所示。用这种方法读出的色环电感量，默认的单位为 μH。

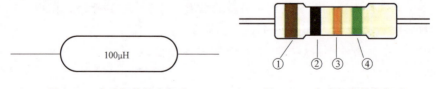

图 1-21 电感规格的直标法　　　　图 1-22 电感规格的色标法

（2）电感的检测

1）外观检查：检查电感器的外观，不应松散或变形，外皮不应有破损；磁心转动应灵活，但不应有碎裂、松动现象。

2）万用表测量：测量前先要把电感器引脚的绝缘层去除，由于电感器的电阻较小，用万用表一般只能判断它是否开路，对于短路应配以外观检查或与同类电感器进行对比。

3)电感器内部断路:如果两引脚间电阻在各测量档都显示为"1",则说明电感器内部断路。

> 课程互动:
> 1. 请说出电感的识别方法。
> 2. 请说出电感的检测方法。

3. 电容的识别和检测

(1) 电容的识别

1) 直标法,如图 1-23 所示。

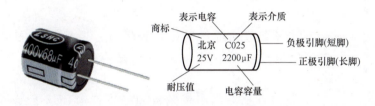

图 1-23 电容的直标法

2) 不标单位的直接表示法。为了简便起见,大于 100pF 而小于 1μF 的电容常常不标注单位。没有小数点的单位为 pF,有小数点的单位为 μF,如图 1-24 所示。

3) 国际单位制表示法。此法用数字表示有效值,用字母表示数值的量级,如图 1-25 所示。

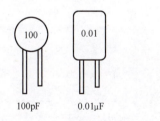

图 1-24 不标单位的直接表示法　　　　图 1-25 电容的国际单位制表示法

4) 数码表示法。数码表示法一般用 3 位数字表示电容器容量的大小,其单位为 pF。其中第 1、2 位为有效值数字,第 3 位表示倍乘数,即表示有效值后零的个数,如图 1-26 所示。

5) 色码表示法。电容器的色码表示法是用 10 种颜色表示 10 个数字,即用棕、红、橙、黄、绿、蓝、紫、灰、白、黑分别代表 1、2、3、4、5、6、7、8、9、0。如图 1-27 所示为 3 环表示法,其读法与电阻色环表示法相似。

(2) 电容的检测　电容器的常见故障有开路失效、短路击穿、漏电或电容量变化。一般情况下,用普通万用表来测量电容器:

1) 放电。测量前应先对被测电容器进行充分放电,如图 1-28 所示。所谓放电是将电容器的两只引脚短接至少 5s,使两极间电压为零,否则电容器的电量会损害万用

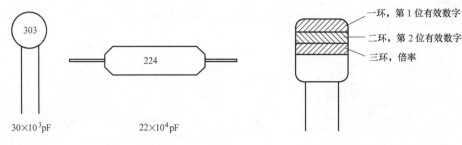

图 1-26 电容的数码表示法

图 1-27 电容的色码表示法

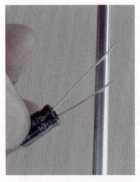

图 1-28 容量较小的电容器放电

表。对于容量较小的电容器可用导线、镊子等放电；对于高电压条件下的电容器，则要用绝缘良好的导线进行放电，以免造成触电事故。

2）选择合适的量程档位。测量时，要根据被测电容器的大小选择合适的量程，选取的原则是以接近被测电容值的量程为宜。

3）数值读取。当刚接触被测电容器时，仪表显示屏的数值会有跳动的现象。电容量越大，跳动的越明显，这是正常现象。当数值稳定后，即可读取被测电容器的电容数值。与电阻档类似，电容档也存在超量程显示溢出符号"1"的现象。当被测电容器容量大于量程范围时，仪表显示"1"，此时应换用较大量程进行测量。

> 课程互动：
> 1. 请说出电容的识别方法。
> 2. 请说出电容的检测方法。

1.6.3 电学物理量的测量

1. 直流电压的测量

图 1-29 直流电压档位

1）测量直流电压时，红表笔置于"VΩ"插孔，拨盘开关选择直流电压档位。直流电压测试量程共分为4个档位，即2V、20V、200V、1000V，如图1-29所示。在无法预测电压值时，可先选择较大量程，再根据测试情况调整量程进行准确测试。

2）以测量汽车蓄电池为例，红表笔接在高电位一端（电源正极），黑表笔接在低电位一端（电源负极），此时万用表显示电源输出电压为12.6V，如图1-30所示。

3）若将红、黑表笔反接，即红表笔接电源负极，黑表笔接电源的正极，此时的测量结果为负值。测量过程中，红、黑表笔应并联在被测负载的两端。测量结果为正时，说明红表笔接在高电位端（图1-30）；测量结果为负时，说明红表笔接在低电位端，黑表笔接在高电位端（图1-31），这时红、黑表笔应互换位置。

万用表测电压

项目1 | 直流电路

图 1-30　红表笔接在高电位端　　　　图 1-31　黑表笔接在高电位端

2. 直流电流的测量

1）测量直流电流时，红表笔置于"A"插孔，拨盘开关选择直流电流档位。直流电流测试量程共分为两个档位，即 200mA 和 20A，如图 1-32 所示。其中，测量 10A 档位要配合表笔在"20A"红插孔一起使用。在无法预测电流值时，可先选择最大量程，再根据测试情况调整量程进行准确测量。

图 1-32　直流电流档位

2）测量过程中，红、黑表笔应串联进入被测电路。

3）若将红、黑表笔反接，即黑表笔到红表笔方向为实际电流方向时，此时测量出的电流结果为负值。

4）测量电流的过程中，若万用表显示被测电流为正值时，说明测试电流的方向与实际电流方向一致；若测量结果为负值时，说明红、黑表笔接反，即此时测试电流的方向与实际电流方向相反，可互换表笔进行测试。

万用表测电流

课程互动：
1. 请说出直流电压的测量方法。
2. 请说出直流电流的测量方法。

项目 2

交流电路

2.1 认知正弦交流电

学习目标

- 掌握交流电的基本概念。
- 掌握正弦交流电的三要素。
- 掌握正弦交流电的表示方法。
- 掌握两个正弦量之间的相位关系和运算关系。

2.1.1 正弦交流电的概念

直流电压或直流电流的数值不随时间的变化而变化。如果电流或电压随着时间按照正弦规律变化,则这种电流、电压称为正弦交流电流、正弦交流电压,如图 2-1 所示。

2.1.2 正弦交流电的三要素

描述正弦交流电的特征有 3 个:变化的大小、变化的快慢和初始状态,它们分别用振幅、角频率和初相位来描述。振幅、角频率和初相位被称为正弦交流电的三要素。振幅、角频率和初相位一旦确定,该正弦交流电就唯一地确定了。

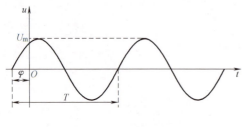

图 2-1 正弦交流电

以正弦交流电压为例,其瞬时值表达式即正弦交流电压与时间的正弦函数关系可表达为

$$u = U_m \sin(\omega t + \varphi)$$

其中,振幅 U_m 是表示正弦函数变化大小的参数,角频率 ω 是表示正弦函数变化快慢的参数,初相位 φ 是表示正弦函数初始状态的参数。

1. 正弦交流电的瞬时值、最大值和有效值

正弦量是随时间按正弦规律不断变化的,所以每一时刻的值都是不同的。正弦交流电在任意时刻的数值称为瞬时值。瞬时值是随时间变化的量，用小写字母表示，如 u 和 i 分别表示正弦交流电压和电流的瞬时值。

最大值（振幅）指交流电在一个周期内出现的最大瞬时值，是大小不变的量，用大写字母表示，如 U_m 和 I_m 分别表示正弦交流电压和电流的最大值。

按正弦函数规律变化的正弦交流电的大小除了用最大值（振幅）表示外，还可以用有效值来表示。有效值是根据电流的热效应来定义的：把直流电和交流电分别通过两个相同的电阻元件，如果在相同时间内它们产生的热量相等，那么，就把此直流电压或电流作为此交流电压或电流的有效值，分别用 U 或 I 表示。通过计算，正弦电压、电流的有效值等于其最大值（振幅）的 $1/\sqrt{2}$ 倍，即 $U=\dfrac{1}{\sqrt{2}}U_m$，$I=\dfrac{1}{\sqrt{2}}I_m$。

最大值和有效值从不同的角度反映了交流电信号的强弱。通常所说的交流电压、电流和电动势的值，如无特殊说明都是指有效值；在测量交流电路的电压、电流时，万用表所指示的数值都是交流电的有效值。各种交流电动机、用电设备铭牌上的额定电压和额定电流也是指它们的有效值。

我国的民用电力电压是220V，这个220V就是交流电的有效值，由此可以计算出该正弦交流电的最大值是311V。

2. 正弦交流电的角频率、频率和周期

角频率指正弦量单位时间内变化的弧度数，用 ω 表示，它的单位是弧度/秒（rad/s）。

频率指单位时间（1s）内变化的周数，用 f 表示，它的单位是赫兹（Hz），简称赫。我国采用50Hz作为电力标准频率，简称工频；有些国家（如美国、日本）采用60Hz为工频。

周期指正弦量完成变化一周所需的时间，用 T 表示，它的单位是秒（s）。

角频率 ω、频率 f 和周期 T 都可以表示正弦函数变化的快慢。它们之间紧密联系，确定了其中的一个，其他的两个就能唯一地确定下来。

周期 T 和频率 f 互为倒数，即 $T=\dfrac{1}{f}$ 或 $f=\dfrac{1}{T}$。

角频率 ω 和频率 f 的关系为 $\omega=2\pi f=2\pi\dfrac{1}{T}$。

3. 正弦交流电的相位、初相位和相位差

相位指正弦量表达式中的角度，用 $\omega t+\varphi$ 表示，它的单位是弧度（rad）。

初相位是当 $t=0$ 时刻所对应的相位，用 φ 表示，它的单位是弧度（rad）。初相位可以为正可以为负也可为零，它反映了正弦量计时起点的状态。在正弦量的解析式中，规定初相位不得超过±180°。正弦量是随着时间周期变化的函数，所取的计时起点不同，正弦量的初始值就不同。

相位差是两个同频率正弦量的相位角之差或初相角之差，常用 $\Delta\varphi$ 表示。习惯上规定相位差不超过±180°。两个不同频率的正弦量是不能比较相位差的。两个正弦量进行相位运算和比较的原则是两个正弦量频率相同。设 u_1 的相位为 $\omega t+\varphi_1$，u_2 的相位为 $\omega t+\varphi_2$，则两者的相位差 $\Delta\varphi=(\omega t+\varphi_1)-(\omega t+\varphi_2)=\varphi_1-\varphi_2$。两个同频率正弦量的相位差就是它们的初相位之差，与时间无关。

2.1.3 正弦交流电的表示方法

正弦交流电的表示方法有解析式法、波形图法、相量图法等。

1. 解析式法

用三角函数式表示正弦交流电随时间变化的方法即解析式法。根据前面所学，正弦交流电压和电流的解析式为

$$u = U_m \sin(\omega t + \varphi_u)$$
$$i = I_m \sin(\omega t + \varphi_i)$$

2. 波形图法

根据解析式的计算数据，在平面直角坐标系中作出波形的方法称为波形图法，如图 2-2b 所示。

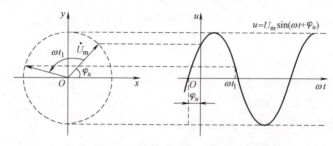

图 2-2 正弦交流电的相量图与波形图

3. 相量图法

所谓交流电的相量图表示法，是将一个正弦量的瞬时值用一个旋转的有方向的线段来表示，该有向线段称为正弦量的相量。在相量的书写中，为了加以区别，用大写字母加点来表示。

如图 2-2a 所示，正弦量在某时刻的瞬时值可以用这个旋转有向线段 $\dot{U}_m$ 在纵轴上的投影 $u = U_m \sin(\omega t + \varphi_u)$ 表示。该有向线段 $\dot{U}_m$ 称为正弦交流电压最大值相量。同样，可以用 $\dot{I}_m$ 表示正弦交流电流最大值相量。

注意：相量只是表示正弦量，并不是等于正弦量。

2.2 认知正弦交流电路

> **学习目标**
> - 掌握纯电阻交流电路的特点。
> - 掌握纯电感交流电路的特点。
> - 掌握纯电容交流电路的特点。
> - 掌握 RLC 串联交流电路的特点。

2.2.1 纯电阻交流电路

负载中只有电阻的交流电路称为纯电阻交流电路。

1. 纯电阻交流电路的电压和电流

纯电阻交流电路如图 2-3 所示,电压、电流取关联参考方向。假设电阻 R 两端的交流电压为

$$u_R = \sqrt{2}\,U_R\sin\omega t$$

则由欧姆定律有

$$i_R = \frac{u_R}{R} = \frac{\sqrt{2}\,U_R\sin\omega t}{R} = \sqrt{2}\,I_R\sin\omega t$$

由此得到以下几点结论:
1) 电阻上的电压和电流为同频率的正弦量,如图 2-4 所示。
2) 电阻上的电压和电流同相位,如图 2-4 所示。
3) 有效值关系:$U_R = I_R R$。

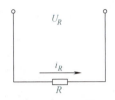

图 2-3 纯电阻交流电路

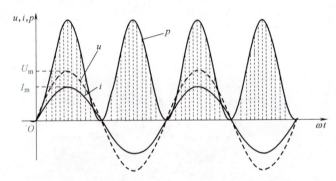

图 2-4 纯电阻交流电路的电压、电流、电功率

2. 纯电阻交流电路中电阻的功率

假设:电阻上的电压 $u_R = \sqrt{2}\,U_R\sin\omega t$,流过电阻的电流 $i_R = \sqrt{2}\,I_R\sin\omega t$,则瞬时功率等于电压和电流瞬时值的乘积,有

$$p_R = u_R i_R = \sqrt{2}\,U_R\sin\omega t \times \sqrt{2}\,I_R\sin\omega t = 2U_R I_R \sin^2\omega t = U_R I_R(1-\cos2\omega t)$$

由于 $\cos2\omega t \leq 1$,因此 $p_R = U_R I_R(1-\cos2\omega t) \geq 0$。可见,瞬时功率由两部分组成,第一部分是常数 $U_R I_R$,第二部分是交变量 $-U_R I_R\cos2\omega t$。瞬时功率波形如图 2-4 所示,它虽然随时间变化,但 p 总为正值($p \geq 0$)。这说明,电阻元件从电源吸收的电能转换为了热能,这种能量转换的过程是不可逆的,所以称电阻是耗能元件。

有功功率又称为平均功率,是一个周期内瞬时功率的平均值,表示电路消耗的功率,用大写字母 P 表示,单位是瓦(W)。

$$P_R = \frac{1}{T}\int_0^T p_R \mathrm{d}t = \frac{1}{T}\int_0^T (U_R I_R - U_R I_R\cos2\omega t) = U_R I_R = I_R^2 R = \frac{U_R^2}{R}$$

2.2.2 纯电感电路

1. 纯电感交流电路的电压和电流

纯电感交流电路如图 2-5 所示,电压、电流取关联参考方向。假设流过电感 L 的交流电流为

$$i_L = \sqrt{2}\,I_L\sin\omega t$$

则电感两端的电压为

$$u_L = L\frac{di_L}{dt} = L\frac{d(\sqrt{2}I_L\sin\omega t)}{dt} = \sqrt{2}I_L\omega L\cos\omega t = \sqrt{2}I_L\omega L\sin(\omega t+90°) = \sqrt{2}U_L\sin(\omega t+90°)$$

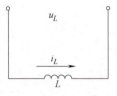

图 2-5 纯电感交流电路

由此得到以下几点结论:
1) 电感上的电压和电流为同频率的正弦量, 如图 2-6 所示。
2) 电感上的电压超前电流 90°（π/2）, 如图 2-6 所示。
3) 有效值关系: $U_L = \omega L I_L = X_L I_L$。

X_L 为感抗, 感抗反映了电感元件对正弦交流电流的阻碍作用; 感抗的单位与电阻相同, 也是欧姆（Ω）。$X_L = \omega L$。感抗的值不是固定值, 而是随频率变化而变化的。频率越低, 感抗就越小; 直流时, 感抗为零, 电感相当于短路。因此电感在电路中有"通直流阻交流"的特性。

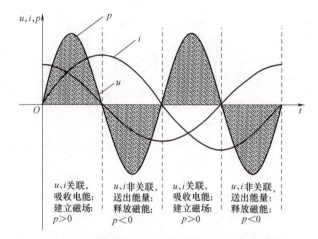

图 2-6 纯电感交流电路的电压、电流、电功率

2. 纯电感交流电路中电感的功率

假设: 电感上的电压 $u_L = \sqrt{2}U_L\sin(\omega t+90°)$, 流过电感的电流 $i_L = \sqrt{2}I_L\sin\omega t$, 则瞬时功率等于电压和电流瞬时值的乘积, 有

$$p_L = u_L i_L = \sqrt{2}U_L\sin(\omega t+90°) \times \sqrt{2}I_L\sin\omega t = 2U_L I_L\sin^2\omega t = U_L I_L\sin 2\omega t$$

可见, 瞬时功率也是正弦波, 瞬时功率波形如图 2-6 所示, 电感元件上的瞬时功率以 2 倍于电压或电流的频率按正弦规律变化。由图 2-6 可见, 当 $p<0$ 时, 电感储存的磁场能量转换成电能送回电源; 当 $p>0$ 时, 电感从电源吸收电能转换成磁场能量储存起来。电感是储能元件, 与外电路不断地进行能量的交换。

有功功率或平均功率为

$$P_L = \frac{1}{T}\int_0^T p_L dt = \frac{1}{T}\int_0^T U_L I_L\sin 2\omega t dt = 0$$

上述过程表明, 电感消耗的平均功率为零, 说明电感元件不消耗功率, 只是与外界交换能量。

电感元件虽然不消耗电能, 但它与电源之间的能量交换客观上是存在的。

2.2.3 纯电容电路

1. 纯电容交流电路中电容的电压、电流

纯电容交流电路如图 2-7 所示，电压、电流为关联参考方向。假设电容两端加一正弦电压 $u_C = \sqrt{2}\,U_C \sin\omega t$。根据电容元件的伏安特性 $i_C = C\dfrac{\mathrm{d}u_C}{\mathrm{d}t}$，有

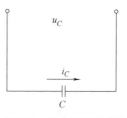

图 2-7 纯电容交流电路

$$i_C = C\frac{\mathrm{d}u_C}{\mathrm{d}t} = C\frac{\mathrm{d}(\sqrt{2}\,U_C \sin\omega t)}{\mathrm{d}t} = \sqrt{2}\,U_C \omega C \sin(\omega t + 90°) = \sqrt{2}\,I_C \sin(\omega t + 90°)$$

由此得到以下几点结论：

1）电容上的电压和电流为同频率的正弦量，如图 2-8 所示。
2）电容上的电流超前电压 90°（π/2），如图 2-8 所示。
3）有效值关系：$I_C = \omega C U_C = \dfrac{U_C}{X_C}$。

X_C 为容抗，容抗反映了电容元件对正弦交流电流的阻碍作用；容抗的单位与电阻相同，也是欧姆（Ω）。$X_C = \dfrac{1}{\omega C}$，$X_C$ 是角频率与电容乘积的倒数。容抗的值不是固定值，而是随频率变化而变化的。频率越低，容抗就越大；直流时，电容相当于断路。因此电容在电路中有"通交流阻直流"的特性。

2. 纯电容交流电路中电容的功率

假设：电容上的电压 $u_C = \sqrt{2}\,U_C \sin\omega t$，电容上的电流 $i_C = \sqrt{2}\,I_C \sin(\omega t + 90°)$，则瞬时功率等于电压和电流瞬时值的乘积，有

$$p_C = u_C i_C = \sqrt{2}\,U_C \sin\omega t \times \sqrt{2}\,I_C \sin(\omega t + 90°) = U_C I_C \sin 2\omega t$$

电容元件上的瞬时功率是以 2 倍于电压或电流的频率按正弦规律变化，其波形如图 2-8 所示。

有功功率或平均功率：

$$P_C = \frac{1}{T}\int_0^T p_C \mathrm{d}t = \frac{1}{T}\int_0^T (U_C I_C \sin 2\omega t)\mathrm{d}t = 0$$

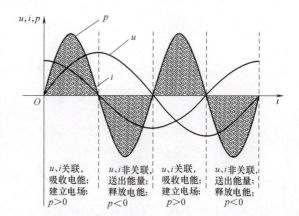

图 2-8 纯电容交流电路的电压、电流、电功率

上述过程表明，电容消耗的平均功率为零，说明电容元件不消耗功率，只是与外界交换能量。

电容元件的无功功率：

$$Q_C = U_C I_C = I_C^2 X_C = \frac{U_C^2}{X_C}$$

2.2.4 RLC 串联交流电路

1. RLC 串联电路的电压、电流、阻抗

电阻、电感和电容的串联电路如图 2-9 所示，电路中的电压、电流取关联参考方

向。设电路中的电流为

$$i = \sqrt{2} I \sin\omega t$$

由基尔霍夫电压定律得：电压瞬时值形式 $u = u_R + u_L + u_C$，即

$$u = \sqrt{2} IR\sin(\omega t) + \sqrt{2} I(\omega L)\sin(\omega t + 90°) + \sqrt{2} I\left(\frac{1}{\omega C}\right)\sin(\omega t - 90°)$$

电压的相量形式为：$\dot{U} = \dot{U}_R + \dot{U}_L + \dot{U}_C$。图 2-10 所示为 3 类不同情况下的电压相量图。

由图 2-10 可见，$\dot{U}$、$\dot{U}_R$ 和 $\dot{U}_L + \dot{U}_C$ 正好是直角三角形的 3 条边。在这个直角三角形中，电压的有效值的关系式为

$$U = \sqrt{U_R^2 + (U_L - U_C)^2} = I\sqrt{R^2 + (X_L - X_C)^2} = I|Z|$$

令：$U_X = U_L - U_C$，$X = X_L - X_C$，$|Z| = \sqrt{R^2 + (X_L - X_C)^2}$，则可得欧姆定律的常见形式：

$$U = I|Z|$$

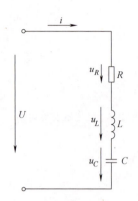

图 2-9 电阻、电感和电容的串联电路

其中，Z 称为 RLC 串联电路的阻抗，表示 RLC 串联电路对交流电流的阻碍作用，单位是欧姆（Ω）。

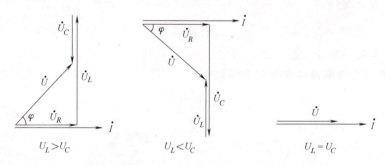

图 2-10 电阻、电感和电容的串联电路电压相量图

总电压与总电流的相位差可由下式求得：

$$\varphi = \arctan\frac{U_L - U_C}{U_R} = \arctan\frac{X}{R}$$

2. RLC 串联电路的功率

在 RLC 串联电路中，电路的有功功率、无功功率分别为

$$P = U_R I$$

$$Q = Q_L - Q_C = (U_L - U_C)I$$

RLC 串联电路总电压与电流的有效值的乘积，称为视在功率，它表示电源提供的总功率，用 S 表示，单位为伏安（V·A）。

$$S = UI = \sqrt{U_R^2 + (U_L - U_C)^2} I = \sqrt{P^2 + Q^2}$$

RLC 串联电路中，电路的有功功率、无功功率、视在功率的关系（即功率三角形），如图 2-11 所示。

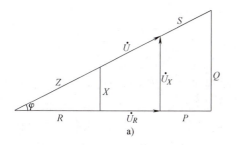 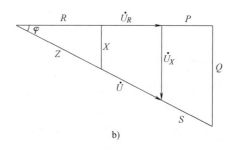

图 2-11 阻抗、电压相量与功率三角形
a) 感性电路 b) 容性电路

2.3 认知三相交流电

> **学习目标**
> - 掌握三相交流电的基本概念。
> - 掌握电源三相四线制连接的特点。

2.3.1 三相交流电

三相交流电是 3 个幅值相等、频率相同、相位互差 120°的单相交流电。三相交流供电系统在发电、输电和配电方面都具有很多优点，因此在生产和生活中得到了极其广泛的应用。

三相交流电可用解析式法表示为

$$u_\mathrm{U} = U_\mathrm{m} \sin\omega t$$
$$u_\mathrm{V} = U_\mathrm{m} \sin(\omega t - 120°)$$
$$u_\mathrm{W} = U_\mathrm{m} \sin(\omega t - 240°) = U_\mathrm{m} \sin(\omega t + 120°)$$

三相交流电的波形图和相量图如图 2-12 所示。

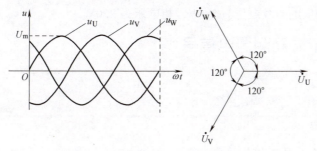

图 2-12 三相交流电的波形图和相量图

三相交流电达到正的或负的最大值的先后顺序称为三相交流电的相序。习惯上按照图 2-12 中的标示为正相序：U→V→W→U，而 U→W→V→U 相序称为逆序。

由图 2-12 可以看出，在任一瞬时，三相交流电的瞬时值之和等于零，即

$$u_\mathrm{U} + u_\mathrm{V} + u_\mathrm{W} = 0$$

相量和也为零，即

$$\dot{U}_U + \dot{U}_V + \dot{U}_W = 0$$

2.3.2 三相四线制

如图 2-13 所示,将三相发电机绕组 U_1U_2、V_1V_2、W_1W_2 的尾端 U_2、V_2、W_2 连接在一起,始端 U_1、V_1、W_1 作为输出线。尾端接成的一点称为中性点或零点,用 N 表示。从中性点引出的线称为中性线或零线。从始端 U_1、V_1、W_1 引出的 3 根线称为相线,俗称火线。这种连接方式称为三相四线制。相线与中性点间的电压称为相电压,用 u_U、u_V、u_W 表示,一般用 u_P 表示。相线间的电压称为线电压,用 u_{UV}、u_{VW}、u_{WU} 表示,一般用 u_L 表示。规定线电压的参考方向是由 U 线指向 V 线,V 线指向 W 线,W 线指向 U 线,相电压的参考方向为自始端指向中性点。通过相线的电流称为线电流,规定线电流的参考方向为从电源端指向负载端,用 i_U、i_V、i_W 表示,一般用 i_L 表示。通过一相绕组的电流称为相电流,相电流的参考方向规定从末端指向始端。由图 2-13 可以看出,当电源接成三相四线制时,线电流和对应相的相电流相等。

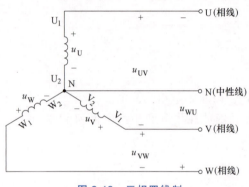

图 2-13 三相四线制

现在研究三相电源按三相四线制连接时,线电压与相电压的关系:

$$u_{UV} = u_U - u_V$$
$$u_{VW} = u_V - u_W$$
$$u_{WU} = u_W - u_U$$

用相量法表示有:

$$\dot{U}_{UV} = \dot{U}_U - \dot{U}_V$$
$$\dot{U}_{VW} = \dot{U}_V - \dot{U}_W$$
$$\dot{U}_{WU} = \dot{U}_W - \dot{U}_U$$

经过相量运算,可以得到如下结论:由于相电压是对称的,线电压也是对称的,且超前其对应的相电压 30°相位角。线电压的有效值是相电压的 $\sqrt{3}$ 倍,即 $U_L = \sqrt{3} U_P$。目前,我国民用供电的线电压为 380V,相电压为 220V。

2.4 使用示波器测量电信号

- 了解示波器的原理。
- 掌握用示波器测量电信号的方法。

2.4.1 示波器的结构

示波器能够直观地显示各种电信号的波形,一切可转化为电压的电学量和非电学量及它们随时间作周期变化的过程都可以用示波器来观测,示波器是一种用途十分广泛的测量仪器。

示波器分为模拟示波器和数字示波器。

模拟示波器的主要部分有示波管、垂直衰减放大器、水平衰减放大器、触发电路、扫描电路、增辉与消隐电路及电源电路等，其结构框图如图2-14所示。

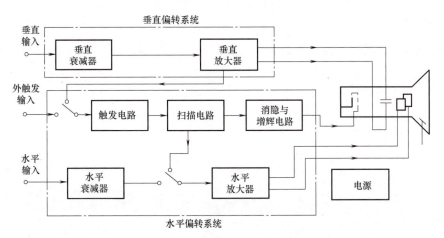

图 2-14　模拟示波器的基本结构框图

2.4.2　使用示波器测量电信号

1. 获得基线

使用示波器时，首先应调出一条很细的清晰水平基线，然后用探头进行测量，步骤如下：

1）预置面板各开关、旋钮：将亮度调节旋钮置于适中位置；将聚焦调节旋钮置于适中位置；根据被测量的大小，将垂直灵敏度调节旋钮置于适当档位；触发源选择"内触发"；通道选择"CH1"；根据被测量的频率，将水平扫描调节旋钮置于适当档位。触发方式置为"AUTO"。

2）按下电源开关，电源指示灯亮。

3）调节亮度、聚焦等有关控制旋钮，可出现纤细明亮的扫描基线，调节垂直移动调节旋钮使基线位于屏幕中间与水平坐标刻度重合。

2. 显示信号

一般示波器均有 1kHz、$0.5V_{p-p}$ 标准方波信号输出口。调妥基线后，即可将探头接入此插口，此时屏幕应显示一串方波信号。调节垂直灵敏度调节旋钮和水平扫描调节旋钮，方波的幅度和宽度应有变化。至此说明该示波器基本调整完毕，可以投入使用。

3. 测量信号

将测试线接入 CH1 或 CH2 输入插座，测试探头触及测试点，即可在示波器上观察波形。如果波形幅度太大或太小，可调整垂直灵敏度调节旋钮；如果波形周期显示不合适，可调整水平扫描调节旋钮。

2.4.3　测量中应注意的事项

1）测量时，不要把仪表放置在附近有强磁场的地方使用。

2）被测信号的幅度不能超过示波器各输入端规定的耐压值，防止烧坏示波器的放大器。

3）测试时，示波器的机壳应悬浮，避免造成短路。

4）用示波器测出的交流电压值为峰-峰值。

5）测试线要尽量短，探极要靠近被测点，否则有可能引起波形畸变。

2.4.4　测量任务

使信号发生器依次输出方波、锯齿波、正弦交流电压信号。用示波器测量这3种信号，设计表格，记录测量数据、分析测量结果。

项目 3

电磁及其应用

3.1 磁

> **学习目标**
> - 了解磁的基本概念。
> - 掌握磁的基本物理量。
> - 掌握电磁原理。

3.1.1 磁的概念

当两块磁铁或磁石相互吸引或排斥时，或当载流导线在周围产生磁场，促使磁针偏转指向时，或当闭电路移动于不均匀磁场时，会有电流出现于闭电路中，这些都是与磁有关的现象。

某些物质能够吸引铁、镍、钴等物质的性质称为磁性，具有磁性的物体称为磁体。磁体分为天然磁体和人造磁体两大类，常见的人造磁体有条形磁铁、马蹄形磁铁和针形磁铁等，如图 3-1 所示。

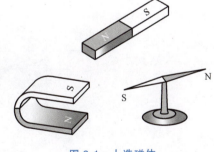

图 3-1 人造磁体

磁体两端磁性最强的部分称为磁极。可以在水平面内自由转动的磁针，静止后总是一个磁极指南，另一个指北。指北的磁极称为北极（N），指南的磁极称为南极（S）。南极和北极总是成对出现并且强度相等。磁极之间存在相互作用力，同名磁极相互排斥，异名磁极相互吸引。

所谓磁场，是在磁体周围的空间中存在的一种特殊物质。磁极之间的作用力就是通过磁场进行传递的。

所谓磁感线，是磁场中画出的一些有方向的曲线，在这些曲线上，每一点的切线方向都是该点的磁场方向，即放在该点的磁针 N 极所指的方向。磁感线的方向规定为：在磁体外部由 N 极指向 S 极，在磁体内部由 S 极指向 N 极。

3.1.2 磁的基本物理量

磁场是一种特殊物质，有电流的地方就会伴随着磁场的存在。表征磁场特性的物理量有如下几个。

1. 磁感应强度 B

通电导体在磁场中所受到的电磁力 F，除了与电流强度和垂直于磁场的导线长度 l 成正比以外，还和磁场的强弱有关。用以表示某点磁场强弱的量称为磁感应强度，用 B 表示。在数值上它等于垂直于磁场的单位长度导体通以单位电流所受的电磁力，即

$$B = \frac{F}{Il} \tag{3-1}$$

磁感应强度是一个矢量，它的方向即为磁场的方向。各点的磁感应强度大小相等、方向相同的磁场称为均匀磁场。磁感应强度的单位为 T（特斯拉）或 Wb/m^2（韦伯/米^2）。

2. 磁通 Φ

磁感应强度表征了磁场中某一点的磁场的强弱和方向，但在工程上常常要涉及某一截面上总的磁场的强弱，为此引入磁通的概念。穿过磁场中某一个面的磁感应强度矢量称为磁通。穿过垂直于磁场方向某平面 S 的磁通 Φ 等于磁感应强度 B（如果不是均匀磁场，则取 B 的平均值）与该面积的乘积，如图 3-2 所示，即

$$\Phi = BS \tag{3-2}$$

磁通的单位为 Wb（韦伯）。

将式（3-2）写成

$$B = \frac{\Phi}{S} \tag{3-3}$$

则磁感应强度 B 等于单位面积上穿过的磁通，故又称为磁通密度。

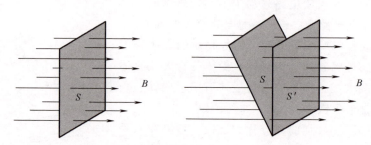

图 3-2 磁通

3. 磁导率 μ

不同的媒介质对磁场的影响不同，影响的程度与媒介质的导磁性能有关。磁导率是用来表示磁场中介质导磁性能的物理量，决定于介质对磁场的影响程度。磁导率的单位是 H/m（亨[利]每米）。由实验测得，真空的磁导率为

$$\mu_0 = 4\pi \times 10^{-7} H/m$$

它是一个常数。其他介质的磁导率 μ 和真空的磁导率 μ_0 的比值，称为该物质的相对磁导率 μ_r，即

$$\mu_r = \frac{\mu}{\mu_0} \tag{3-4}$$

μ_r 越大，介质的导磁性越好。

4. 磁场强度 H

上述分析表明：磁感应强度与介质有关，即对于通有相同电流的同样导体，在不同介质中，磁感应强度不同。而介质对磁场的影响，常常使磁场的分析变得复杂。为了分析电流和磁场的依存关系，引入一个把电和磁定量沟通起来的辅助量，称为磁场强度，用符号 H 表示。磁场中某点的磁场强度 H 等于该点磁感应强度与介质磁导率 μ 的比值，即

$$H = \frac{B}{\mu} \tag{3-5}$$

磁场强度的大小与周围介质无关，仅与电流和空间位置有关。它的方向与该点的磁感应强度方向一致。磁场强度的单位是 A/m（安每米）。

3.1.3 电磁原理

电和磁是不可分割的，它们始终交织在一起。简单地说，就是电生磁、磁生电。

1. 电生磁

电荷静止时不自旋，只产生电场，不产生磁场。电荷运动时自旋，并在周围产生环形磁场。如果一条直的金属导线通过电流，那么在导线周围的空间将产生圆形磁场。导线中流过的电流越大，产生的磁场越强。磁场成圆形，围绕在导线周围。磁场的方向可以根据"右手螺旋定则"（又称安培定则）（图3-3）来确定：将右手拇指伸出，其余四指并拢弯向掌心。这时，四指的方向为磁场方向，而拇指的方向是电流方向。

若将通有直流电流的直导线弯曲成圆形，则环形磁场闭合，对外表现为磁矩。这时，电流方向和磁极方向的关系符合右手螺旋法则：右手半握，拇指伸开，除拇指外的四指指向电流方向，则拇指指向 N 极方向（图3-4）。

对于一个很长的螺线管，其内部的磁场大小用下面的公式计算：

$$H = nI$$

式中　I——流过螺线管的电流；

　　　n——单位长度内的螺线管圈数。

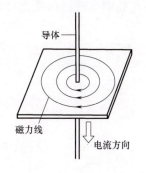

图 3-3　安培定则一

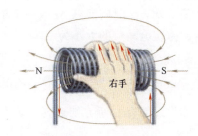

图 3-4　安培定则二

2. 磁生电

磁生电是法拉第发现的，其原理是：闭合电路的一部分导体做切割磁感线运动时，在导体上就会产生电流，这种现象称为电磁感应现象，产生的电流称为感应电流。

实验一，将一根直导体放在均匀磁场中，并以速度 v 朝着与磁力线垂直的方向运动，在导体的两端接上一个检流计，如图3-5所示。当导体左、右切割磁力线时，可以看到检流计发生偏转；如果导体不运动，检流计指针不动。

实验二，将线圈两端与检流计连接，再将磁铁插入或拔出线圈，如图3-6所示。当磁铁插入线圈时，检流计指针发生偏转；当磁铁在线圈中不动时，检流计指针不动；当将磁铁拔出线圈时，检流计指针反向偏转。

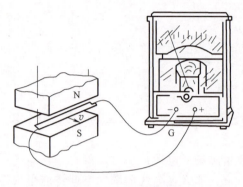

图3-5 实验一示意图

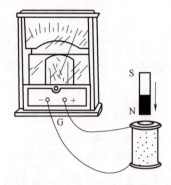

图3-6 实验二示意图

以上两个实验说明，当导体对磁场做相对运动而切割磁力线，或者通过线圈的磁通量发生变化时，导体或线圈中就会产生电动势，如果导体或线圈是闭合的，就会有电流通过。这两种不同条件却结果相同的（都产生电动势）现象称为电磁感应。由于电磁感应而产生的电动势称为感应电动势，由感应电动势而产生的电流称为感应电流。

楞次定律指出了磁通的变化与感应电动势在方向上的关系，即感应电流产生的磁通总是阻碍原磁通的变化。

3. 法拉第电磁感应定律

在实验二中，如果改变磁铁插入或拔出的速度，就会发现，磁铁运动速度越快，指针偏转角度越大，反之越小。磁铁插入或拔出的速度反映的是线圈中磁通变化的速度。所以线圈中感应电动势的大小与线圈中磁通的变化率成正比，这就是法拉第电磁感应定律。

用 $\Delta\Phi$ 表示时间间隔 Δt 内一个单匝线圈中的磁通变化量，则一个单匝线圈产生的感应电动势的大小为

$$e = \frac{\Delta\Phi}{\Delta t}$$

如果线圈有 N 匝，则感应电动势的大小为

$$e = N\frac{\Delta\Phi}{\Delta t}$$

4. 直导线切割磁感线产生感应电动势

感应电动势的方向可用右手定则判断（图3-7）：平伸右手，大拇指与其余四指垂直，让磁感线穿入掌心，大拇指指向导体运动方向，则其余四指所指的方向就是感应电动势的方向。

电磁铁

发电机原理

电磁感应现象

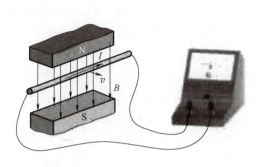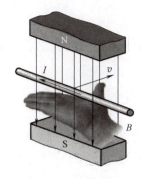

图 3-7　电磁感应实验

如果导体运动方向与磁感线方向有一个夹角 α（图 3-8），则导体中的感应电动势为

$$e = Blv\sin\alpha$$

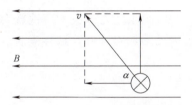

图 3-8　感应电动势

3.2　电磁原理的应用

> **学习目标**
> - 掌握电磁阀的相关内容。
> - 掌握继电器的基本概念和分类。
> - 掌握变压器的作用、结构和工作原理。

电磁原理不仅广泛应用于生活中，而且在汽车上也有广泛的应用，例如电磁阀、继电器、变压器、点火线圈等。

3.2.1　电磁阀

电磁阀利用电磁铁通电后产生的吸力推动阀芯来改变阀的工作位置，它是电气系统与液压系统之间的信号转换元件。

电磁阀由电磁线圈和磁心组成。当电磁线圈通电或断电时，磁心运转使流体通过阀体或被切断，以达到改变流体方向的目的。电磁阀的电磁部件由固定铁心、动铁心、线圈等部件组成；阀体部分由滑阀心、滑阀套、弹簧底座等组成。电磁线圈被直接安装在阀体上，阀体被封闭在密封管中，构成一个简洁、紧凑的组合。人们在生产中常用的电磁阀有二位三通、二位四通、二位五通电磁阀等。二位的含义：对于电磁阀来说就是带电和失电，对于所控制的阀门来说就是开和关。

当有电流通过线圈时,产生励磁作用,固定铁心吸合动铁心,动铁心带动滑阀芯并压缩弹簧,改变了滑阀芯的位置,从而改变了流体的方向。当线圈断电时,依据弹簧的弹力推动滑阀芯,顶回动铁心,使流体按原来的方向流动。

3.2.2 继电器

1. 继电器的定义

继电器是一种根据电量(电压、电流等)或者非电量(温度、时间、转速、压力)信号的变化带动触点动作,来接通或断开所控制的电路,以实现自动控制和保护电路或电气设备的器件。

2. 电磁继电器

下面对在汽车上应用比较多的电磁继电器进行简单介绍。

继电器在汽车电路中起保护电路和自动控制的作用。电磁式继电器一般是由铁心、线圈、衔铁、触点簧片等组成的,如图3-9所示。只要在线圈两端加上一定的电压,线圈中就会流过一定的电流,从而产生电磁效应,衔铁就会在电磁力吸引的作用下克服返回弹簧的拉力吸向铁心,从而带动衔铁的动触点与静触点(动合触点)吸合。当线圈断电后,电磁的吸力也随之消失,衔铁就会在弹簧的反作用力下返回原来的位置,使动触点与原来的静触点断开。这样吸合、断开,从而达到在电路中的导通、切断的目的。

对于继电器的动合、动断触点,可以这样来区分:继电器线圈未通电时处于断开状态的静触点称为动合触点,处于接通状态的静触点称为动断触点。

电磁继电器实验

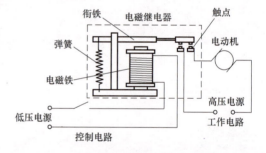

图3-9 继电器的结构示意图

3.2.3 变压器

1. 变压器的作用

变压器是一种静止电气设备,它通过线圈间的电磁感应,将一种电压等级的交流电能转换成同频率的另一种电压等级的交流电能。确切地说,它具有变压、变流、变换阻抗和隔离电路的作用。

电铃实验

例如,在电力系统中用电力变压器把发电机发出的电压升高后进行远距离输电,到达目的地以后用变压器把电压降低供用户使用;在实验室用自耦变压器改变电源电压;在测量上利用仪用变压器扩大对交流电压、电流的测量范围;在电子设备和仪器中用小功率电源变压器提供多种电压,用耦合变压器传递信号并隔离电路上的联系等。

2. 变压器的结构

变压器虽然大小悬殊、用途各异,但其基本结构和工作原理是相同的。

变压器按照绝缘介质分为油浸式和干式变压器。油浸式变压器在电力系统中使用最为广泛,其基本结构可分为以下几部分:铁心、绕组、绝缘套管、油箱及其他附件(如储油柜、吸湿器、安全气道、净油器和气体继电器等)等。

(1)铁心 铁心是变压器的磁路部分,由心柱和铁轭两部分组成,心柱用来套装绕组，铁轭将心柱连接起来，使之形成闭合磁路。为减少铁心损耗，铁心用厚0.30~0.50mm的硅钢片叠成，片上涂以绝缘漆，以避免片间短路。在大型电力变压器中，为提高磁导率和减少铁心损耗，常采用冷轧硅钢片；为减少接缝间隙和励磁电流，有时还采用由冷轧硅钢片卷成的卷片式铁心。

（2）绕组　绕组是变压器的电路部分，用纸包或纱包的绝缘扁线或圆线绕成。变压器的绕组分为一次绕组和二次绕组，如图3-10所示，与电源连接的绕组称为一次绕组，与负载连接的绕组称为二次绕组，一次绕组是输入电能的绕组，二次绕组是输出电能的绕组。

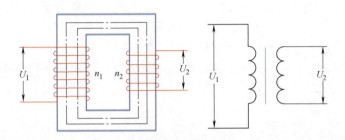

图3-10　变压器的绕组

一次绕组和二次绕组具有不同的匝数、电压和电流，其中电压较高的绕组称为高压绕组，电压较低的称为低压绕组。

3. 变压器的工作原理

简单地说，变压器的工作原理就是电磁感应原理，也就是"动电生磁，磁变生电"的过程。如图3-11所示，当一次绕组中通有交流电流时，铁心（或磁心）中便产生交流磁通，使二次绕组中感应出电压或电流。

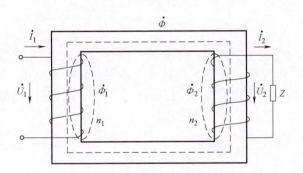

图3-11　变压器的工作原理

4. 变压器的变压原理

（1）电动势关系　由于电磁感应现象，一、二次绕组中具有相同的 $\Delta\Phi/t$。根据电磁感应定律可知

因为

$$E_1 = n_1 \frac{\Delta \Phi}{\Delta t}，E_2 = n_2 \frac{\Delta \Phi}{\Delta t}$$

所以

$$\frac{E_1}{E_2} = \frac{n_1}{n_2}$$

（2）电压关系　如果不计一、二次绕组的电阻，则有

$$U_1 = E_1 \text{、} U_2 = E_2$$

所以

$$\frac{U_1}{U_2} = \frac{n_1}{n_2} = k$$

式中　k——变压器的电压比。

所以，只要匝数不同，就可得到不同的输出电压，这就是变压器的变压原理。

$n_2 > n_1$ 时，$U_2 > U_1$，这种变压器称为升压变压器。

$n_2 < n_1$ 时，$U_2 < U_1$，这种变压器称为降压变压器。

（3）电流关系　由于不存在各种电磁能量损失，因此输入功率等于输出功率：$P_1 = P_2$，即

$U_1 I_1 = U_2 I_2$，所以

$$\frac{I_1}{I_2} = \frac{U_2}{U_1} = \frac{n_2}{n_1}$$

变压器高压绕组匝数多而通过的电流小，可用较细的导线绕制，低压绕组匝数少而通过的电流大，应用较粗的导线绕制。

3.3　点火线圈

学习目标

- 掌握点火线圈的作用。
- 掌握点火线圈的工作原理。

点火线圈可以认为是一种特殊的脉冲变压器，它将蓄电池 12V 左右的低电压，转换为 30kV 以至更高的电压，按发动机的点火顺序依次送至各缸火花塞上，点燃混合气，推动发动机运转，如图 3-12 所示。

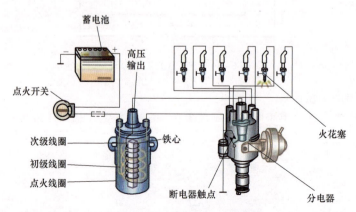

图 3-12　点火线圈原理示意图

点火线圈与普通变压器的工作原理相同，但工作方式不同，普通变压器是连续工作的，而点火线圈则是断续工作的，它根据发动机不同的转速以不同的频率反复进行储能及放能。

3.4 发电机和电动机

> **学习目标**
> - 了解直流电机的结构和工作原理。
> - 掌握电学基本物理量。
> - 掌握电位的计算方法及其应用。

3.4.1 直流电机

直流电机指能将直流电能转换成机械能（直流电动机）或将机械能转换成直流电能（直流发电机）的旋转电机。它是能实现直流电能和机械能互相转换的电机。当它作为电动机运行时是直流电动机，将电能转换为机械能；当它作为发电机运行时是直流发电机，将机械能转换为电能。

1. 直流电机的结构

直流电机的结构可分为静止部分和转动部分两部分，静止部分称为定子，旋转部分称为转子（也称电枢）。图3-13和图3-14分别为直流电机的纵剖面示意图和横剖面示意图。

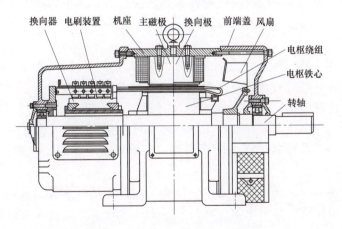

图3-13　直流电机纵剖面示意图

直流电机的主要组成部件及功能如下：

（1）主磁极　主磁极用来产生气隙磁场，并使电枢表面的气隙磁通密度按一定波形沿空间分布。主磁极包括主磁极铁心和励磁绕组。主磁极铁心由1~1.5mm厚的低碳钢薄板冲片叠压而成。励磁绕组用圆形或矩形纯铜绝缘电磁线制成。各磁极的励磁绕组串联连接成一路，以保证各主极励磁绕组的电流相等。

大的直流电机在极靴上开槽，槽内嵌放补偿绕组，与电枢绕组串联，用以抵消极靴范围内的电枢反应磁动势，从而减少气隙磁场的畸变，改善换向，提高电机运行可靠性。

（2）换向极　换向极也称附加极，用于改善直流电机的换向性能。换向极由换向极铁心和换向极绕组组成。其铁心一般用1～1.5mm厚的低碳钢薄板冲片叠压而成。换向极绕组必须和电枢绕组串联，由于要通过的电枢电流较大，通常采用较粗的矩形截面导体绕制而成。换向极安装在两相邻主极之间，其数目一般与主极数相等。小功率直流电机可不装换向极。

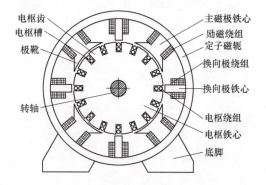

图3-14　直流电机横剖面示意图

（3）机座　直流电机的机座用来固定主极、换向极、端盖等，并借助底脚将电机固定在基础上。同时，直流电机的机座是磁极间的磁通路径（称为磁轭），所以一般采用导磁性好、机械强度较高的铸钢或厚钢板制成，而不能采用铸铁。

（4）电枢铁心　电枢铁心用来通过磁通并嵌放电枢绕组，是主磁路的一部分。由于转子在定子主磁极产生的恒定磁场内旋转，因此电枢铁心内的磁通是交变的，为减少涡流损耗和磁滞损耗，通常用两面涂绝缘漆的0.5mm硅钢片叠压而成。

（5）电枢绕组　电枢绕组是产生感应电动势和电磁转矩，实现机电能量转换的关键部件。容量较小的直流电机的电枢绕组用圆形电磁线绕制而成，而大多数直流电机的电枢绕组均用矩形绝缘导线绕制成定形线圈，然后嵌入电枢铁心的槽中，线圈与铁心之间以及上、下层线圈之间都必须妥善绝缘。为了防止电枢旋转时离心力的作用，绕组在槽内部分用绝缘槽楔固定，而伸到槽外的端接部分则用非磁性钢丝扎紧在线圈支架上。

（6）换向器　换向器是直流电机特有的关键部件，作用是将电枢绕组内部的交流电动势转换成电刷间的直流电动势。换向器的质量将直接影响直流电机的运行可靠性。换向器由许多彼此互相绝缘的铜片（换向片）组合而成，有多种结构形式。换向器由V形套筒、换向片、云母片（换向片间的绝缘）和压紧圈等组成紧密整体。小型换向器用热固性环氧树脂热压成整体。电枢绕组端部嵌放在换向片端部槽内，并焊接在一起。

（7）电刷装置　电刷装置由电刷、刷握、刷杆和刷杆座等组成。电刷放在刷握上的刷盒内，用弹簧将电刷压紧，与换向器表面紧密接触，保证电枢转动时电刷与换向器表面有良好的接触。电刷装置与换向器配合将转动的电枢绕组和静止的外电路连通。

（8）气隙　定、转子之间的气隙是主磁路的一部分，其大小直接影响电机的运行性能。由于气隙磁场由直流励磁产生，因此直流电机的气隙比异步电动机大得多，小型直流电机的气隙为1～3mm，大型直流电机的气隙可达12mm。

2．直流电机的工作原理

（1）直流发电机的工作原理　图3-15a为直流发电机的物理模型，N、S为定子磁极，abcd是固定在可旋转导磁圆柱体上的线圈，线圈连同导磁圆柱体称为电机的转子或电枢。线圈的首末端a、d连接到两个相互绝缘并可随线圈一同旋转的换向片上。转子线圈与外电路的连接是通过放置在换向片上固定不动的电刷进行的。

当原动机驱动电机转子逆时针旋转时,线圈 abcd 中将产生感应电动势。

与电刷 A 接触的导体总是位于 N 极下,与电刷 B 接触的导体总是位于 S 极下,电刷 A 的极性总是正的,电刷 B 的极性总是负的,在电刷 A、B 两端可获得直流电动势。

(2) 直流电动机的工作原理　如图 3-15a 所示,把电刷 A、B 接到直流电源上,电刷 A 接正极,电刷 B 接负极。此时电枢线圈中将有电流流过。在磁场作用下,N 极性下导体 ab 受力方向从右向左,S 极下导体 cd 受力方向从左向右,该电磁力形成逆时针方向的电磁转矩。当电磁转矩大于阻转矩时,电机转子逆时针方向旋转。当电枢旋转到图 3-15b 所示的位置时,原 N 极下导体 ab 转到 S 极下,受力方向从左向右;原 S 极下导体 cd 转到 N 极下,受力方向从右向左。该电磁力形成逆时针方向的电磁转矩。线圈在该电磁力形成的电磁转矩作用下继续逆时针方向旋转。

与直流发电机相同,实际的直流电动机的电枢并非单一线圈,磁极也并非一对。

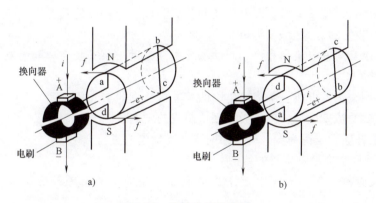

电动机原理

图 3-15　直流电机的模型

3. 直流电机的铭牌数据及主要系列

(1) 直流电机的铭牌数据　表征电机额定运行情况的各种数据,称为额定值。额定值一般都标注在电机的铭牌上,所以也称为铭牌数据,它是正确、合理使用电机的依据。直流电机的额定值主要有下列几项。

1) 额定功率:指电机的输出功率(对于发电机指出线端输出的电功率,对于电动机指转轴上输出的机械功率),单位为 W 或 kW。

2) 额定电压:指在额定工作条件下,电机出线端的平均电压(对于电动机指输入额定电压,对于发电机指输出额定电压),单位为 V。

3) 额定电流:指电机在额定电压下,运行于额定功率时的电流值,单位为 A。

4) 额定转速:指对应于额定电压、额定电流且电机运行于额定功率时所对应的转速,单位为 r/min。

电机铭牌上还标有其他数据,如励磁电压、出厂日期、出厂编号等。

电机运行时,若所有物理量与额定值相同,则电机运行于额定状态;若电机的运行电流小于额定电流则为欠载运行;若运行电流大于额定电流则为过载运行。长期欠载运行会造成电机功率浪费,而长期过载运行会缩短电机的使用寿命。电机最好运行于额定状态或额定状态附近,此时电机的运行效率、工作性能等比较好。

(2) 直流电机系列 所谓系列电机就是在应用范围、结构形式、性能水平和生产工艺等方面有共同性，功率按一定比例递增，并成批生产的一系列电机。我国目前生产的直流电机的主要系列有以下几种。

Z3 系列：一般用途的小型直流电机系列。

ZF 和 ZD 系列：一般用途的中型直流电机系列。

ZZJ 系列：起重、冶金用直流电动机系列。

此外，还有 ZQ 直流牵引电动机系列及 Z-H、ZF-H 船用电动机和发电机系列等。

3.4.2 三相同步交流发电机

汽车用发电机可分为直流发电机和交流发电机，由于交流发电机在许多方面优于直流发电机，因此目前所有汽车均采用交流发电机。交流发电机按照总体结构分为以下几类。

1) 普通交流发电机：使用时需要配装电压调节器的发电机，例如 JF132（EQ140 用）。

2) 整体式交流发电机：发电机和调节器制成一个整体的发电机，例如别克轿车的发动机上装配的是 CS 型发电机。

3) 带泵交流发电机：和汽车制动系统用真空助力泵安装在一起的发电机，例如 JFZB292 发电机。

4) 无刷交流发电机：不需要电刷的发电机，例如 JFW1913。

5) 永磁交流发电机：磁极为永磁铁制成的发电机。

下面以普通发电机为例，对三相同步交流发电机进行介绍。

1. 三相同步交流发电机的结构

交流发电机一般由转子、定子、整流器、端盖、带轮等部分组成，如图 3-16 所示。

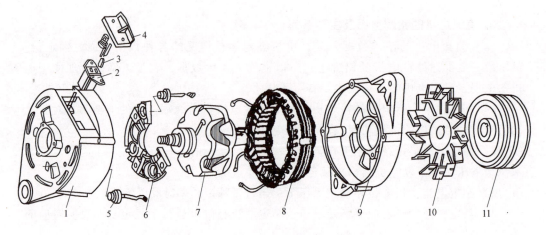

图 3-16 JF132 型交流发电机解体图

1—后端盖 2—电刷架 3—电刷 4—电刷弹簧压盖 5—硅二极管整流器 6—元件板
7—转子 8—定子 9—前端盖 10—风扇 11—带轮

1) 转子。转子的功用是产生旋转磁场。转子由爪极、磁轭、磁场绕组、集电环、转子轴组成，如图 3-17 所示。转子轴上压装着两块爪极，两块爪极各有 6 个鸟嘴形磁极，爪极空腔内装有磁场绕组（转子线圈）和磁轭。集电环由两个彼此绝缘的铜环组成，集电环压装在转子轴上并与轴绝缘，两个集电环分别与磁场绕组的两端相连。

当两集电环通入直流电时（通过电刷），磁场绕组中就有电流通过并产生轴向磁通，使爪极一块被磁化为 N 极，另一块被磁化为 S 极，从而形成 6 对相互交错的磁极。当转子转动时，就形成了旋转的磁场。

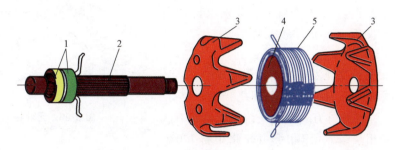

图 3-17　交流发电机的转子

1—集电环　2—转子轴　3—爪极　4—磁轭　5—磁场绕组

2）定子。定子的功用是产生交流电。定子由定子铁心和定子绕组组成，如图 3-18 所示。定子铁心由内圈带槽的硅钢片叠成，定子绕组的导线就嵌放在铁心的槽中。定子绕组有三相，三相绕组采用星形接法或三角形（大功率）接法，都能产生三相交流电。三相绕组必须按一定要求绕制（完全对称），才能使之获得频率相同、幅值相等、相位互差 120°的三相电动势。

3）端盖。端盖一般分为前端盖和后端盖两部分，起支撑转子、定子、整流器和电刷组件的作用。端盖一般用铝合金铸造，一是可以有效地防止漏磁，二是铝合金散热性能好。后端盖上装有电刷组件。电刷组件由电刷、电刷架和电刷弹簧组成，如图 3-19 所示。电刷的作用是将电源通过集电环引入励磁绕组。两个电刷分别装在电刷架的孔内，借助弹簧压力与集电环保持接触。电刷和集电环的接触应良好，否则会因为磁场电流过小导致发电机发电不足。

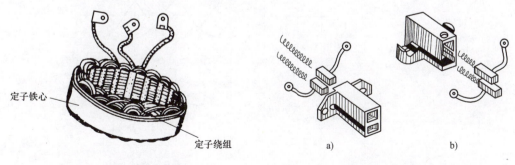

图 3-18　交流发电机定子　　　　　　　图 3-19　电刷组件

4）风扇。风扇用 1.5~2mm 厚的钢板或者铝合金板冲制而成，并用半圆键装在前端盖外侧的转轴上。发电机的后端盖上有进风口，前端盖上有出风口，当带轮与风扇一起旋转时，使空气高速流经发电机内部进行强力通风冷却。

5）带轮。带轮利用传动带将发动机的转矩传给转子，通常用铝合金制成，一般分为单槽和双槽两种。带轮利用风扇的半圆键装在风扇外侧的转轴上,并用弹簧垫圈和螺母紧固。

6) 硅二极管整流器。交流发电机整流器的作用是将定子绕组的三相交流电变为直流电。

它由1块元件板和6个硅二极管组成。6管交流发电机的整流器由6个硅整流二极管组成三相全波桥式整流电路,6个整流管分别压装(或焊装)在元件板上。元件板又称散热板,用铝合金制成月牙形,如图3-20所示。

图3-20 元件板

2. 三相同步交流发电机的工作原理

在发电机内部有一个由发动机带动的转子(旋转磁场),磁场外有一个定子绕组,绕组有3组线圈(三相绕组),三相绕组彼此相隔120°。当转子旋转时,旋转的磁场使固定的电枢绕组切割磁力线(或者说使电枢绕组中通过的磁通量发生变化)而产生电动势。

交流发电机定子的三相绕组中,感应产生的是交流电,是靠6个二极管组成的三相桥式整流电路变为直流电的,如图3-21所示。二极管具有单向导电性,当给二极管加上正向电压时,二极管导通;当给二极管加上反向电压时,二极管截止。二极管的导通原则如下:

1) 当3个二极管负极端相连时,正极端电位最高者导通。
2) 当3个二极管正极端相连时,负极端电位最低者导通。

如图3-21所示,对于3个正极二极管(VD_1、VD_3、VD_5正极和定子绕组始端相连),在某瞬时,电压最高一相的正极管导通。对于3个负极二极管(VD_2、VD_4、VD_6负极和定子绕组始端相连),在某瞬时,电压最低一相的负极管导通。但同时导通的二极管总是两个,正、负二极管各一个。

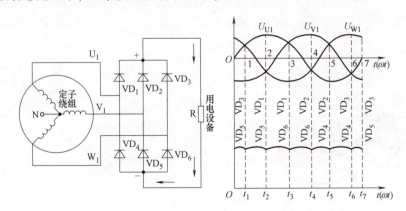

图3-21 三相桥式整流电路及电压波形

3. 三相同步交流发电机的型号

汽车交流发电机型号由产品代号、电压等级代号、电流等级代号、设计序号、变形代号五部分组成,如图3-22所示。

1) 产品代号:用2个或3个大写汉语拼音字母表示,交流发电机的产品代号有

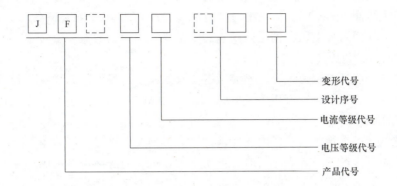

图 3-22　交流发电机的型号组成

JF、JFZ、JFB、JFW 4 种，分别表示交流发电机、整体式交流发电机、带泵交流发电机和无刷交流发电机。

2）电压等级代号：用 1 位阿拉伯数字表示，1 表示 12V；2 表示 24V；6 表示 6V。

3）电流等级代号：用 1 位阿拉伯数字表示，见表 3-1。

4）设计序号：用 1~2 位阿拉伯数字表示，表示产品设计的先后顺序。

5）变形代号：交流发电机以调整臂位置作为变形代号。从驱动端看，Z 表示左调整臂，Y 表示右调整臂，调整臂在中间时不加标记。

表 3-1　交流发电机电流等级

电流等级代号	1	2	3	4	5	6	7	8	9
发电机额定电流/A	<19	<29	<39	<49	<59	<69	<79	<89	<90

3.5　汽车点火线圈的结构认知与检验

- 掌握点火线圈的结构组成。
- 理解点火线圈的工作原理。

3.5.1　试验设备

点火线圈、万用表、示波器等。

3.5.2　试验内容

1. 实训内容及目的

1）对点火线圈进行认知。
2）掌握点火线圈的外部检查及初次级绕组短路、断路、搭铁检验。
3）掌握点火线圈的发火强度检验方法。

2. 技术标准及要求

丰田车系：

1)点火线圈（12V）初级绕组的电阻值（冷态）为1.3~1.6Ω。
2)点火线圈（12V）次级绕组的电阻值（冷态）为10.7~14.5kΩ。
3)点火线圈附加电阻器的电阻值（冷态）为1.3~1.5Ω。

3. 实训器材和用具

1)电气万能试验台若干台，被测试的点火线圈、良好的点火线圈各若干。
2)常用工具若干套，万用表、220V交流电试灯各若干个。

4. 实训注意事项

1)使用万用表检测电阻、电压时，应当注意档位的选择。
2)检测点火线圈的发火强度时，要防止被点火线圈的高压电击中。
3)操作电气万能试验台时，一定要按正确的操作规范进行。

5. 实训操作步骤

1)点火线圈的认知。
① 掌握点火线圈在点火系统中的位置，如图3-23所示。

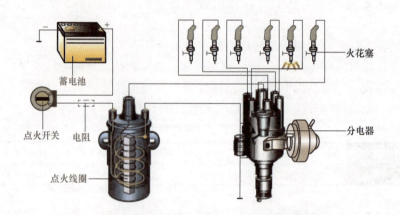

图3-23 点火线圈在点火系统中的位置

② 写出点火线圈各部件的名称（图3-24）。

2)点火线圈的检验：主要包括外部检验，初次级绕组断路、短路、搭铁检验以及发火强度检验。

① 外部检验。检查点火线圈的外表，若绝缘盖破裂或外壳碰裂，因容易受潮而失去点火能力，应予以更换。

② 初、次级绕组断路、短路、搭铁检验。A 测量电阻法。用万用表测量点火线圈的初级绕组、次级绕组以及附加电阻的电阻值，应符合技术标准，否则说明有故障，应予以更换。

B 试灯检验法。用220V交流电试灯，接在初级绕组的接线柱上，灯亮则表示无断路故障，否则便是断路。当检查绕组是否有搭铁故障时，可将试灯

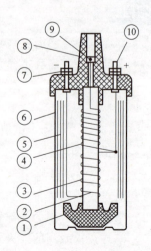

图3-24 点火线圈各部件的名称

的一端与初级绕组相连,另一端接外壳,如果灯亮,表示有搭铁故障;否则为良好。短路故障用试灯不易查出。

对于次级绕组,因为它的一端接于高压插孔,另一端与初级绕组相连,所以检验中,当试灯的一个触针接高压插孔,另一个触针接低压接线柱时,若试灯亮,说明有短路故障;若试灯暗红,说明无短路故障;若试灯根本不发红,则应注意观察,当将触针从接线柱上移开时,看有无火花发生,如果没有火花,说明绕组已断路。因为次级绕组和初级绕组是相通的,若次级绕组有搭铁故障,在检查初级绕组时就已反映出来了,无需再进行检查。

③ 发火强度检验。A 在万能电器试验台上检验火花强度及连续性。检查点火线圈产生的高电压时,可与分电器配合在试验台上进行试验。如果三针放电器的火花强,并能击穿 5.5mm 以上的间隙时,说明点火线圈发火强度良好。检验时,将放电电极间隙调整到 7mm,先以低速运转,待点火线圈的温度升高到工作温度(60~70℃)时,再将分电器的转速调至规定值(一般 4、6 缸发动机的转速为 1900r/min,8 缸发动机的为 2500r/min),在 0.5min 内,若能连续发出蓝色火花,表示点火线圈良好。

B 用对比跳火的方法检验。此方法在试验台上或车上均可进行。将被检验的点火线圈与好的点火线圈分别接上进行对比,看其火花强度是否一样。点火线圈经过检验,如果内部有短路、断路、搭铁等故障,或发火强度不符合要求时,一般均应更换新件。

3.6　搭接继电器回路

> **学习目标**
> - 掌握继电器的作用和工作原理。
> - 掌握继电器的工作特性。
> - 能够熟练使用继电器搭建回路。

3.6.1　实验内容

1)对继电器进行检测。
2)分别使用四脚继电器和五脚继电器搭建电路。

3.6.2　主要设备

12V 直流电源,开关、熔丝、四脚继电器、五脚继电器各 1 个,12V 灯泡 2 个,连接线若干,万用表 1 块。

3.6.3　实训操作

1)使用万用表对四脚继电器和五脚继电器进行测量,判断其工作是否正常。
① 测量线圈的电阻。
② 通过给线圈通电,判断触点是否正常工作。
2)搭建一个电路(图 3-25),通过四脚继电器控制灯泡的工作。

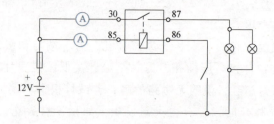

图 3-25 四脚继电器电路

继电器电路

3) 搭建一个电路（图 3-26），通过五脚继电器控制两个灯泡的工作。

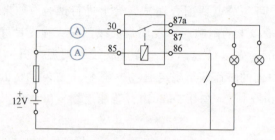

图 3-26 五脚继电器电路

3.7 汽车发电机的测量

学习目标

- 掌握对发电机进行静态测量的方法。

3.7.1 实验设备

汽车用交流发电机、普通可拆发电机；数字式万用表；各种配套拆装工具；工作示教板。

3.7.2 实验内容

1. 发电机拆解前的检测

使用万用表对发电机外接线柱进行测量，可以初步判定发电机的状态。测量各接线柱之间的电阻，如图 3-27 所示。

1) 测量发电机的输出端子 B+ 和搭铁端 E 之间的阻值（壳体或搭铁接线柱）。

通过测量可以判断交流发电机整流器是否有故障，如果有故障，应将发电机解体进一步检测。

2) 测量发电机正电刷 F 和负电刷 E 接线柱之间的阻值。

通过测量各接线柱之间的阻值，不能确定交流发电机是否有故障时，应进行试验台试验。

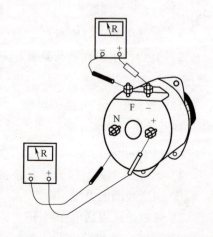

图 3-27 各接线柱之间电阻的测量

对于整体式发电机，测量标准值因电路不同而异，应以说明书为准。常用发电机各接线柱间参考测量值见表3-2。

表3-2 常用发电机各接线柱间参考测量值

车型	发电机型号	"F"与"E"间/Ω	"B"与"E"间/V		"N"与"E"或"B"间/V	
			正向	反向	正向	反向
BJ2020、EQ1091	JF13、JF15	4~7	1.0	∞	0.5	∞
BJ492	JWF14	3.5~3.8	1.0	∞	0.5	∞
夏利7100	JFZ1542	2.8~3.0	1.0	∞	0.5	∞
桑塔纳	JFZ1913	2.8~3.0	1.0	∞	0.5	∞
玉柴、朝柴	JF25、JF23	19.5~21	1.0	∞	0.5	∞

2. 发电机的测量

发电机拆解后可以检测转子、定子的电阻值及绝缘电阻。

（1）检查转子

1）转子绕组（磁场绕组）短路与断路检查。用万用表相应档位检测两集电环之间的电阻，如图3-28所示，应符合技术标准。一般12V发电机转子绕组电阻为3.5~6Ω，24V的为15~21Ω。

① 若阻值为"∞"，则说明断路。
② 若阻值过小，则说明短路。
③ 如果与解体前测量值差别较大，则可能是电刷部分故障。

2）转子绕组搭铁检查。即检查转子绕组与铁心（或转子轴）之间的绝缘情况，如图3-29所示。用万用表电阻最大档检测两集电环与铁心（或转子轴）之间的电阻，若有阻值，则说明有搭铁故障；正常应指示"∞"。

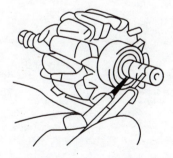

图3-28 转子阻值检测

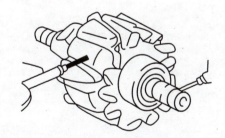

图3-29 转子搭铁检测

3）集电环检查。集电环表面应平整光滑，无明显烧损，否则用"0"号砂纸打磨；两集电环间隙处应无污垢；集电环圆度误差应不超过0.025mm，厚度应不小于1.5mm。

（2）检查定子

1）定子绕组短路与断路检查。用数字式万用表检测定子绕组3个接线端，两两相测。正常时，阻值小于1Ω且相等。若阻值过大，说明断路；若阻值过小（近似等于0Ω），说明短路。

2）定子绕组搭铁检查。即检查定子绕组与定子铁心间绝缘情况。用数字式万用表电阻最大档检测定子绕组接线端与定子铁心间的电阻，阻值应为∞大，否则说明有搭铁故障。

（3）检查整流器二极管

1）测量二极管。为减少测量误差，应避免使用指针式万用表进行阻值测量。

注意：数字式万用表使用二极管档测试时，红表笔为正电，黑表笔为负电；指针式万用表使用电阻档测量时，红表笔为负电，黑表笔为正电。

2）检查单个二极管好坏。分解发电机后端盖和整流板，将每个二极管的中心引线从接线柱上拆下或焊下，逐一进行检测。二极管正向压降应为0.5V左右，反向压降为∞大。若使用指针式万用表检测二极管，可利用正、反向电阻值差别较大加以判别，一般正向电阻值约为50Ω，反向电阻值大于10kΩ以上。

① 若正、反向阻值或压降一大一小、差异很大，说明二极管良好。

② 若正、反向阻值或压降均为∞，说明断路。

③ 若阻值或压降均较小，说明短路。

如果有故障，对于整体式整流板需整体更换，对于压装式整流板，可以分别更换。

项目 4

模拟电子技术

4.1 半导体材料、二极管

> **学习目标**
> - 了解半导体的特性及分类。
> - 掌握二极管的工作原理及导电特性。

4.1.1 导体、半导体和绝缘体

在自然界中,物质按导电能力分类分为导体、半导体和绝缘体。自然界中很容易导电的物质称为导体,金属一般都是导体。有的物质几乎不导电,称为绝缘体,如橡胶、陶瓷、塑料和石英。另有一类物质的导电特性处于导体和绝缘体之间,称为半导体,如锗、硅、砷化镓和一些硫化物、氧化物等。其中,对当今电子技术发展影响最大的是半导体。

1. 本征半导体

在电子技术中最常见的半导体是硅(Si)和锗(Ge)。在现代电子学中,硅和锗的最外层电子数都是 4 个,而最外层电子数为 8 个才能保证原子稳定,所以在纯度较高的硅和锗晶体(已经处于稳定状态)当中,原子与原子之间会形成共价键保持自身在外层有 8 个电子。共价键有很强的结合力,使原子规则排列,形成晶体,如图 4-1 所示。

共价键中的两个电子被紧紧束缚在共价键中,称为束缚电子。常温下束缚电子很难脱离共价键成为自由电子,因此本征半导体中的自由电子很少,所以本征半导体的导电能力很弱。

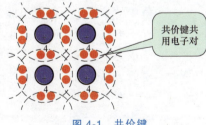

图 4-1 共价键

2. 本征半导体的导电原理

在常温下,由于热激发使一些价电子获得足够的能量而脱离共价键的束缚,成为自由电子,同时共价键上留下一个空位,称为空穴,如图 4-2 所示。

本征半导体中存在数量相等的两种载流子,即自由电子和空穴。在其他力的作用下,空穴吸引附近的电子来填补,这样的结果相当于空穴的迁移,而空穴的迁移

相当于正电荷的移动，因此可以认为空穴是载流子，如图 4-3 所示。

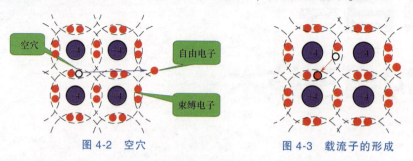

图 4-2　空穴　　　　　　　图 4-3　载流子的形成

本征半导体的导电能力取决于载流子的浓度。

本征半导体的特性是受到外界刺激而改变导电特性，所以温度越高，载流子的浓度越高，因此本征半导体的导电能力越强。温度是影响半导体性能的一个重要的外部因素，这是半导体的一大特点。

3. 杂质半导体

杂质半导体的导电能力主要取决于自由电子的浓度。在本征半导体中掺入某些微量的杂质，就会使半导体的导电性能发生显著变化，其原因是掺杂半导体的某种载流子浓度大大增加，这样就构成了杂质半导体。

自由电子浓度大大增加的杂质半导体称为电子半导体或 N 型半导体。空穴浓度大大增加的杂质半导体称为空穴半导体或 P 型半导体。

（1）N 型半导体　在硅或锗晶体中掺入少量的五价元素磷（或锑），晶体点阵中的某些半导体原子被杂质取代，磷原子的最外层有 5 个价电子，其中 4 个与相邻的半导体原子形成共价键，必定多出一个电子，这个电子几乎不受束缚，很容易被激发而成为自由电子，自由电子浓度大大增加。这样磷原子就成了不能移动的带正电的离子，每个磷原子给出一个电子，称为施主原子。由施主原子提供的电子浓度与施主原子相同。

在 N 型半导体中，自由电子的浓度和杂质原子的浓度相同。

（2）P 型半导体　在硅或锗晶体中掺入少量的三价元素，如硼（或铟），晶体点阵中的某些半导体原子被杂质取代，硼原子的最外层有 3 个价电子，与相邻的半导体原子形成共价键时，产生一个空穴。这个空穴可能吸引束缚电子来填补，使得硼原子成为不能移动的带负电的离子。由于硼原子接受电子，所以称为受主原子。由受主原子提供的空穴浓度与受主原子相同。

在 P 型半导体中，空穴的浓度和杂质原子的浓度相同。

4.1.2　二极管

1. PN 结

PN 结是在同一片半导体基片上，分别制造 P 型半导体和 N 型半导体，经过载流子的扩散，在它们的交界面处就形成了 PN 结，如图 4-4 所示。

图 4-4　PN 结

由于 P 型半导体是多空穴，N 型半导体是多自由电子，所以，在 P 型与 N 型半导体材料相接处的"面"上，由于内部的电场因素引起自由电子的运动。这种自由电子的运动有两种，一种为漂移运动，一种为扩散运动，内部的电场越强，就使漂移运动越强，而漂移使空间电荷区变薄。而扩散的结果是使空间电荷区逐渐加宽，空间电荷区越来越宽，如图 4-5 所示。

由于扩散和漂移这一对相反的运动最终达到平衡，相当于两个区之间没有电荷运动，空间电荷区的厚度固定不变。

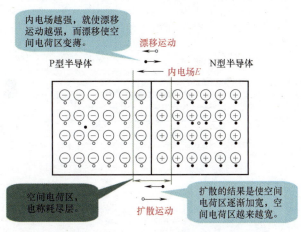

图 4-5 PN 结的形成

课程互动：
空间电荷区有没有载流子？

2. PN 结的单向导电性

PN 结加上正向电压、正向偏置的意思都是：P 区加正电压、N 区加负电压。
PN 结加上反向电压、反向偏置的意思都是：P 区加负电压、N 区加正电压。

（1）PN 结正向偏置 在 PN 结两端加一定的电压，P 区加正电压、N 区加负电压，由于场强关系，半导体内自由电子均向 P 区正极端扩散，空穴向 N 区负极端扩散，空间电荷区变薄，内电场被削弱，电子的扩散加强能够形成较大的扩散电流，造成了由外加电压形成的漂移现象，如图 4-6 所示。

（2）PN 结反向偏置 在 PN 结两端加一定程度的电压，P 区加负电压、N 区加正电压，由于场强关系，半导体内自由电子均向 N 区正极端漂移，空穴向 P 区负极端漂移，空间电荷区变厚，内电场被加强，电子的扩散受到抑制，只形成较小的反向电流，如图 4-7 所示。

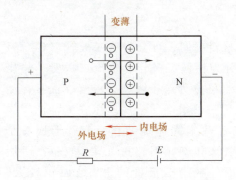

图 4-6 PN 结正向偏置

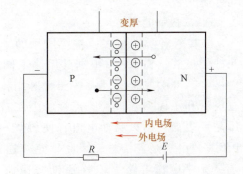

图 4-7 PN 结反向偏置

3. 二极管的组成

半导体二极管最主要的组成部分是 PN 结，在 PN 结两端加上引线和外壳就构成了一个半导体二极管,如图4-8所示。

二极管在电工电子学中的符号如图4-9所示。

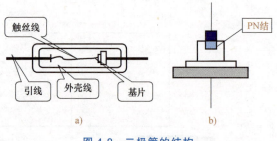

图4-8 二极管的结构

a) 点接触型 b) 面接触型

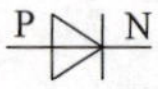

图4-9 二极管的符号

4. 二极管的伏安特性

二极管的伏安特性曲线如图4-10所示。

当硅管正偏导通时,导通电压为0.6~0.7V,反偏截止,且未击穿时,有0.6V压降。

当锗管正偏导通时,导通电压为0.2~0.3V,反偏截止,且未击穿时,有0.2V压降。

5. 二极管的主要参数

(1) 最大整流电流 I_{om} 二极管长期使用时,允许流过二极管的最大正向平均电流。

(2) 反向击穿电压 U_{br} 二极管反向击穿时的电压值。击穿时反向电流剧增,二极管的单向导电性被破坏,甚至过热而烧坏。手册上给出的最高反向工作电压 U_{wrm} 一般是 U_{br} 的一半。

(3) 反向电流 I_R 二极管加反向峰值工作电压时的反向电流。反向电流大,说明二极管的单向导电性差,因此反向电流越小越好。反向电流受温度的影响较大,温度越高反向电流越大。硅管的反向电流较小,锗管的反向电流要比硅管大几十到几百倍。

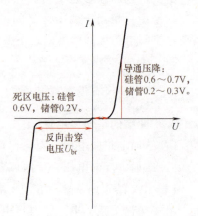

图4-10 二极管的伏安特性曲线

6. 二极管的分类

二极管种类有很多,按照所用的半导体材料不同,可分为锗二极管(Ge管)和硅二极管(Si管);根据其用途不同,可分为检波二极管、整流二极管、稳压二极管、开关二极管等;按照管芯结构不同,可分为点接触型二极管、面接触型二极管和平面型二极管。点接触型二极管是用一根很细的金属丝压在光洁的半导体晶片表面,通以脉冲电流,使触丝一端与晶片牢固地烧结在一起,形成一个PN结。由于是点接触,因此只允许通过较小的电流(不超过几十毫安),适用于高频小电流电路,如收音机的检波等。面接触型二极管的PN结面积较大,允许通过较大的电流(几安到几十安),主要用于把交流电变换成直流电的整流电路中。平面型二极管是一种特制的硅二极管,它不仅能通过较大的电流,而且性能稳定可靠,多用于开关、脉冲及高频电路中。各类二极管如图4-11所示。

发光二极管的检测

图 4-11　各类二极管

4.2　晶体管

> **学习目标**
> - 了解晶体管的基本结构。
> - 掌握晶体管的工作原理。
> - 掌握晶体管的特性。

晶体管的全称为半导体晶体管，也称双极型晶体管。晶体管是一种电流控制电流的半导体器件，其作用是把微弱信号放大成幅值较大的电信号，也用作无触点开关。

4.2.1　晶体管的基本结构

两个反向连接的 PN 结面，可有 PNP 和 NPN 型两种组合。3 个接出来的端点依序称为发射极（E）、基极（B）和集电极（C），这些名称来源和它们在晶体管工作时的功能有关。图 4-12 中示出了 NPN 与 PNP 型晶体管的电路符号，发射极特别被标

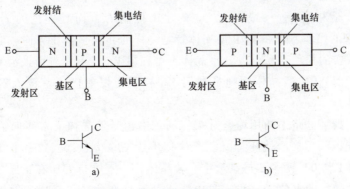

图 4-12　PNP 和 NPN 型晶体管
a）NPN 型　b）PNP 型

出,箭头所指的极为 N 型半导体。在没接外加偏压时,两个 PN 结面都会形成耗尽区,将中性的 P 型区和 N 型区隔开。

4.2.2 晶体管的工作原理

晶体管的电特性和两个 PN 结面的偏压有关,工作区间也依偏压方式来分类,这里先讨论最常用的所谓"正向活性区",在此区 E、B 极间的 PN 结面维持在正向偏压,而 B、C 极间的 PN 结面则在反向偏压,通常用作放大器的晶体管都以此方式偏压。图 4-13 所示为一 PNP 型晶体管在此偏压区的示意图。E、B 结面的空穴区由于正向偏压会变窄,载体看到的位置变小,发射极的空穴会注入到基极,基极的电子也会注入到发射极。而 B、C 结面的耗尽区则会变宽,载体看到的位置变大,故本身是不导通的。

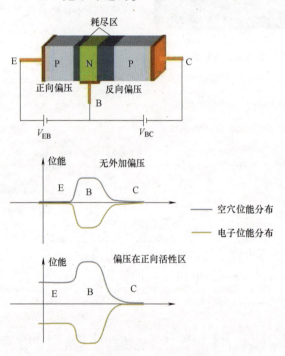

图 4-13 PNP 型晶体管在正向活动区的示意图

晶体管和两个反向相接的 PN 二极管最大的不同就在于晶体管的两个结面相当接近。以上述偏压在正向活性区的 PNP 型晶体管为例,发射极的空穴注入基极的 N 型中性区,马上被多数载体电子包围遮蔽,然后朝集电极方向扩散,同时也被电子复合。当没有被复合的空穴到达 B、C 结面的耗尽区时,会被此区内的电场加速扫入集电极,空穴在集电极中为多数载体,很快借由漂移电流到达连接外部的欧姆接点,形成集电极电流 I_C。I_C 的大小和 B、C 间反向偏压的大小关系不大。基极外部仅需提供注入空穴复合部分的电子流 I_{Brec} 与由基极注入发射极的电子流 I_{nBE}(这部分是晶体管作用不需要的部分)。I_{nBE} 在发射极与空穴复合,即 $I_{nBE}=I_{Erec}$。PNP 型晶体管在正向活性区时主要的电流种类可以清楚地在图 4-13 中看出。

发射极注入基极的空穴流大小是由 E、B 结面间的正向偏压大小来控制的,和二极管的情形类似,在启动电压附近,微小的偏压变化即可造成很大的注入电流变化。准确地说,晶体管是利用 V_{EB}(或 V_{BE})的变化来控制 I_C,而且提供的 I_B 远比 I_C 小。NPN 型晶体管的操作原理和 PNP 型晶体管是一样的,只是偏压方向、电流方向均相反,电子和空穴的角色互易。PNP 型晶体管是利用 V_{EB} 控制由发射极经基极入射到集电极的空穴,而 NPN 型晶体管则是利用 V_{BE} 控制由发射极经基极入射到集电极的电子。

晶体管在数字电路中的用途是开关,利用电信号使晶体管在正向活性区(或饱和区)与截止区间切换。就开关而言,对应开与关的状态;就数字电路而言,则代表 0 与 1(或 1 与 0)两个二进制数字。若晶体管一直维持偏压在正向活性区,在发射极与基极间微小的电信号(可以是电压或电流)变化,会造成发射极与集电极间电流相对上很大的变化,故可用作信号放大器。

4.2.3 晶体管的特性

下面以图 4-14 所示的共射放大电路为例进行说明。

1. 输入特性曲线

图 4-15 是晶体管的输入特性曲线,它表示 I_B 随 U_{BE} 的变化关系,其特点是:

1)当 $U_{CE} = 0V$ 时,相当于发射结的正向伏安特性曲线。

2)当 $U_{CE} \geq 1V$ 时,$U_{CB} = U_{CE} - U_{BE} > 0$,集电结已进入反偏状态,开始收集电子,基区复合减少,同样的 U_{BE} 下,U_B 减小,特性曲线右移。

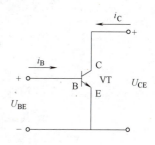

图 4-14 共射放大电路

2. 输出特性曲线

输出特性曲线分为 3 个区域:饱和区、截止区、放大区,如图 4-16 所示。

1)饱和区:I_C 明显受 U_{CE} 控制的区域,该区域内,一般 $U_{CE} < 0.7V$(硅管)。

2)截止区:I_C 接近零的区域,相当 $I_B = 0$ 的曲线的下方。此时,U_{BE} 小于死区电压。

3)放大区:I_C 平行于 U_{CE} 轴的区域,曲线基本平行等距。此时,发射结正偏,集电结反偏。

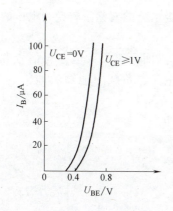

图 4-15 输入特性曲线

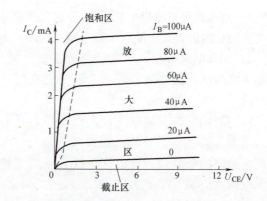

图 4-16 输出特性曲线

4.3 NPN 共射极放大电路、集成运放

> **学习目标**
>
> - 掌握 NPN 共射极放大电路的基本结构及各部件的功能。
> - 掌握 NPN 共射极放大电路的直流通路及静态工作状态。
> - 掌握 NPN 共射极放大电路的动态工作状态。
> - 了解集成运放的基本结构。
> - 掌握集成运放的工作原理。

晶体管对信号实现放大作用时在电路中可有 3 种不同的连接方式（或称 3 种组态），即共（发）射极、共集电极和共基极接法，这 3 种接法分别以发射极、集电极、基极作为输入回路和输出回路的交流公共端，而构成不同组态的放大电路。

本章主要讲解 NPN 型晶体管共射放大电路和集成运放。

4.3.1　NPN 共射极放大电路

1. NPN 共射极放大电路的基本结构及各部件功能

NPN 共射极放大电路如图 4-17 所示。

对于单管共射极放大电路而言，其结构包括以下几个部分：

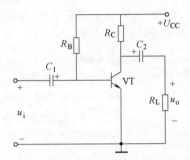

1）直流电源 U_{CC}，一方面与 R_B 和 R_C 配合，保证晶体管的发射结正向偏置，集电结反向偏置，即保证晶体管工作在放大状态；另一方面为输出信号提供能量。它的值一般为几伏到十几伏。

2）基极偏置电阻 R_B，与 U_{CC} 配合决定了放大电路基极电流的大小。它的值一般是几十千欧到几百千欧。

图 4-17　NPN 共射极放大电路

3）集电极负载电阻 R_C，主要作用是将晶体管集电极电流的变化量转换为电压的变化量。它的值为几千欧到十几千欧。

4）耦合电容 C_1、C_2，起"隔直通交"的作用，一方面隔离放大电路与信号源和负载之间的直流通路，另一方面使交流信号在放大电路、负载中能顺利地传送。它们的值一般为几微法至几十微法。

5）晶体管 VT，是整个放大电路中的核心元件，由它构成两个回路：信号源回路和输出回路。由于发射极是两个回路的公共端，所以这种放大电路又称为共射极放大电路。

2. NPN 共射极放大电路的直流通路及静态工作状态

NPN 共射极放大电路的直流通路如图 4-18 所示。

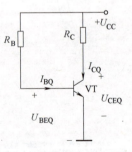

晶体管静态工作状态：放大电路在输入交流信号为 0 时，由于直流电源 U_{CC} 的存在，电路中各处已经存在着直流电压和直流电流，前、后耦合电容能阻隔直流电的流出。

图 4-18　NPN 共射极放大电路的直流通路

直流通路指当输入信号 $u_i = 0$ 时，在直流电源 U_{CC} 的作用下直流电流所流过的路径。在画直流通路时，将电路中的电容开路、电感短路。

3. NPN 共射极放大电路的动态工作状态

动态指放大电路输入信号 u_i 不为零时的工作状态。当放大电路中加入正弦交流信号 u_i 时，电路中各极的电压、电流都是在直流量的基础上发生变化，即瞬时电压和瞬时电流都是由直流量和交流量叠加而成的。

输入信号 u_i 通过耦合电容 C_1 传送到晶体管的基极与发射极之间，使得基极与发

射极之间的电压为

$$u_{BE} = U_{BEQ} + u_i$$

输入信号 u_i 变化时,会引起 u_{BE} 随之变化,相应的基极电流也在原来 I_{BQ} 的基础上叠加了因 u_i 变化产生的变化量 i_b。

当放大电路在交流输入信号 u_i 的作用下,只有交流电流流过的路径,称为交流通路。画交流通路时,放大电路中的耦合电容短路;由于直流电源 U_{CC} 的内阻很小(理想电压源内阻近似为零),对交流变化量几乎不起作用,所以直流电源对交流视为短路。

4.3.2 集成运放

集成运放是将整个电路的各个元件做在同一个半导体基片上,具有工作稳定、使用方便、体积小、重量轻、功耗小等特点。

1. 集成运放的结构

集成运放的结构框图如图 4-19 所示。

1)输入级——双端输入的差动放大电路,输入电阻高,抑制共模信号的能力强。

2)中间级——多级共发射极放大电路,放大倍数高。

3)输出级——互补对称输出电路,输出电阻小,带载能力强。

4)偏置电路——电流源电路,向各级提供静态工作点。

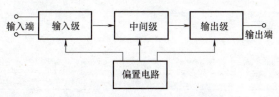

图 4-19 集成运放的结构框图

2. 集成运放的特点

1)硅片上不能制作大容量电容,所以集成运放均采用直接耦合方式。

2)运放中大量采用差动放大电路和恒流源电路,这些电路可以抑制漂移。

3)用有源元件代替大阻值的电阻。

4)常用复合晶体管代替单个晶体管,以使运放性能最好。

3. 集成运放的内部原理

集成运算放大器是一种具有高电压放大倍数的直接耦合放大器,主要由输入级、中间级、输出级三部分组成。输入级是差动放大电路,有同相和反相两个输入端,前者的电压变化和输出端的电压变化方向一致,后者则相反。中间级提供高电压放大倍数,经输出级传到负载。其中调零端外接电位器,用来使输入端对地电压为零(或某一预定值)时,输出端对地电压也为零(或另一个预定值)。补偿端外接电容器或阻容电路,以防止工作时产生自激振荡(有些集成运算放大器不需要调零或补偿)。供电电源通常接成对地为正或对地为负的形式,而以地作为输入、输出和电源的公共端,如图 4-20 所示。

4. 集成运放的工作原理

集成运放的工作原理如图 4-21 所示。

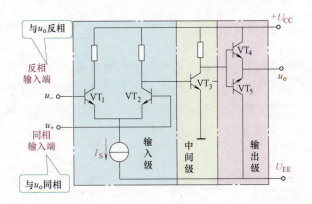

图 4-20　内部原理

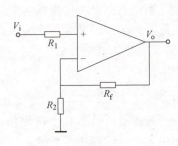

图 4-21　集成运放的工作原理

运放是一个开环放大倍数极大的放大器,两个输入端"+""-"之间只要有微小的电压差异,就会使输出端截止或者饱和。而输入端的输入电阻非常大,可以认为不需要输出电流。

4.4　直流稳压电源、单相半波整流、单相桥式整流

> 学习目标
>
> - 掌握直流稳压电源的工作原理。
> - 掌握单相半波整流原理。
> - 掌握单相桥式整流原理。

1. 直流稳压电源的组成

直流稳压电源的组成如图 4-22 所示。

1) 电源变压器:将交流电网电压 u_1 变为合适的交流电压 u_2。

2) 整流电路:将交流电压 u_2 变为脉动的直流电压 u_3。

3) 滤波电路:将脉动直流电压 u_3 转变为平滑的直流电压 u_4。

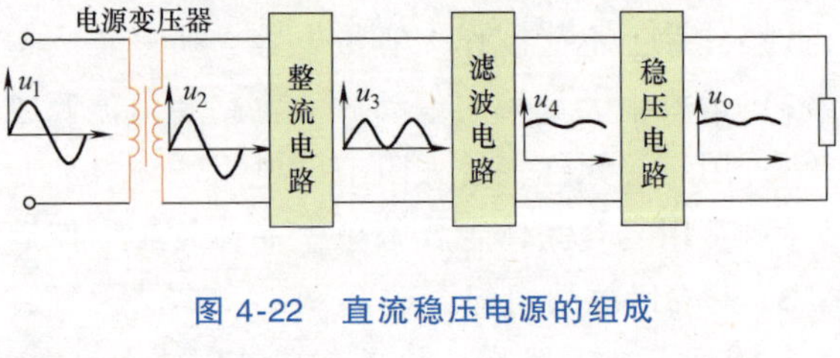

图 4-22　直流稳压电源的组成

4) 稳压电路:清除电网波动及负载变化的影响,保持输出电压 u_o 的稳定。

2. 单相半波整流原理

整流电路的任务是把交流电压转变为直流脉动的电压。常见的小功率整流电路有单相半波、全波、桥式和倍压整流等。为分析简单起见,把二极管当作理想元件处理,即二极管的正向导通电阻为零,反向电阻为无穷大。

单相半波整流原理如图 4-23 所示。

当 u_1 有交变电压时,经由变压器 T,u_2 中因电磁感应而产生相应的电压,当

$u_2>0$ 时，二极管导通，这时如果忽略二极管正向压降，则 $u_o=u_2$；当 $u_2<0$ 时，二极管截止，输出电流为 0，$u_o=0$。

因此当 u_1 为连续的交变电压时，u_2 的波形如图 4-24 所示。

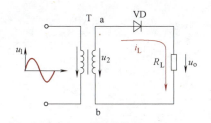

图 4-23 单相半波整流原理

图 4-24 u_2 波形

3. 单相桥式整流原理

单相桥式整流原理如图 4-25 所示。

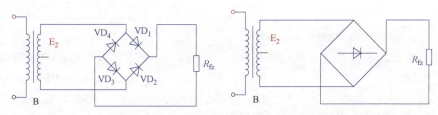

图 4-25 单相桥式整流原理

桥式整流电路的工作原理如下：E_2 为正半周时，对 VD_1、VD_3 加正向电压，VD_1、VD_3 导通；对 VD_2、VD_4 加反向电压，VD_2、VD_4 截止。电路中构成 E_2、VD_1、R_{fz}、VD_3 通电回路，在 R_{fz} 上形成上正、下负的半波整流电压。E_2 为负半周时，对 VD_2、VD_4 加正向电压，VD_2、VD_4 导通；对 VD_1、VD_3 加反向电压，VD_1、VD_3 截止。电路中构成 E_2、VD_2、R_{fz}、VD_4 通电回路，同样，在 R_{fz} 上形成上正、下负的另外半波的整流电压。如此重复下去，在 R_{fz} 上便得到全波整流电压，其波形图和全波整流波形图是一样的。从图 4-25 可以看出，桥式电路中每个二极管承受的反向电压等于变压器二次电压的最大值，比全波整流电路小一半。

桥式整流器利用 4 个二极管两两对接，输入正弦波的正半部分时两个管导通，得到正的输出；输入正弦波的负半部分时另两个管导通，由于这两个管是反接的，所以输出还是得到正弦波的正半部分。桥式整流器对输入正弦波的利用效率比半波整流高一倍，桥式整流是交流电转换成直流电的第一个步骤。

4.5 电容滤波、并联稳压、三端稳压器

> **学习目标**
>
> - 掌握电容滤波工作原理。
> - 掌握并联稳压工作原理。
> - 掌握三端稳压器的工作原理。

4.5.1 电容滤波工作原理

滤波电路利用电抗性元件（主要是电容）对交、直流阻抗的不同实现滤波。电容 C 对直流开路，对交流阻抗小，所以电容应该并联在负载两端。经过滤波电路后，既可保留直流分量又可滤掉一部分交流分量，改变了交、直流成分的比例，减小了电路的脉动系数，改善了直流电压的质量。

单相桥式电容滤波整流电路如图 4-26 所示，在负载电阻上并联了一个滤波电容 C。

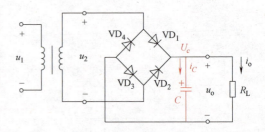

图 4-26 单相桥式电容滤波整流电路

滤波原理：若电路处于正半周，二极管 VD_1、VD_3 导通，变压器二次电压 u_2 给电容 C 充电。此时 C 相当于并联在 u_2 上，所以输出波形同 u_2，是正弦波形。所以，在 t_1 到 t_2 时刻，二极管导通，C 充电，$u_C = u_L$ 按正弦规律变化；t_2 到 t_3 时刻，二极管截止，$u_C = u_L$ 按指数曲线下降，如图 4-27 所示。

需要指出的是，当放电时间常数 R_LC 增大时，t_1 点要右移，t_2 点要左移，二极管截止时间加长，导通角减小，见图 4-28 中的曲线 3；反之，R_LC 减少时，导通角增大。显然，当 R_L 很小，即 I_L 很大时，电容滤波的效果不好，见图 4-28 中的曲线 2。反之，当 R_L 很大，即 I_L 很小时，尽管 C 较小，R_LC 仍很大，电容滤波的效果也很好，见曲线 3。所以电容滤波适合输出电流较小的场合。

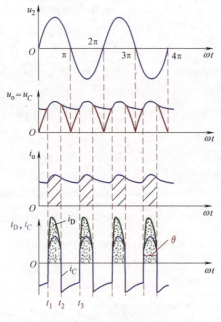

图 4-27 滤波原理

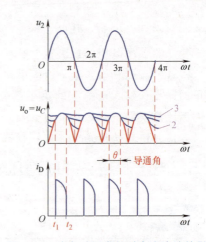

图 4-28 放电时间常数对电容滤波的影响

4.5.2 并联稳压工作原理

经整流滤波后输出的直流电压虽然平滑程度较好，但其稳定性仍比较差。其原因主要有以下几个方面：

1）由于输入电压不稳定（通常交流电网允许有±10%的波动），而导致整流滤波电路输出直流电压不稳定。

2）由于整流滤波电路存在内阻，当负载变化时，引起负载电流发生变化，使输出直流电压发生变化。

3）由于电子元件（特别是导体器件）的参数与温度有关，当环境温度发生变化时，引起电路元件参数发生变化，导致输出电压发生变化。

4）整流滤波后得到的直流电压中仍然会有少量纹波成分，不能直接供给那些对电源质量要求较高的电路。

所以，经整流滤波后的直流电压必须采取一定的稳压措施才能适合电子设备的需要。

（1）硅稳压管并联稳压电源　如图4-29所示，其中VZ是稳压二极管，R_1是限流电阻，R_2是负载。由于VZ与R_2是并联，所以称为并联稳压电路。此电路必须接在整流滤波电路之后，上端为正、下端为负。由于稳压管VZ反向导通时两端的电压总保持固定值，所以在一定条件下R_2两端的电压值也能够保持稳定。

工作原理：假设输入电压为U_I，当某种原因导致U_I升高时，U_Z相应升高，由稳压管的特性可知U_Z上升很小都会造成I_Z急剧增大，这样流过R_1上的I_{R1}电流也增大，R_1两端的电压U_{R1}会上升，R_1就分担了极大一部分U_I升高的值，U_S就可以保持稳定，达到负载上电压U_{R2}保持稳定的目的。这个过程可用下面的关系表示：

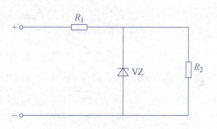

图4-29　硅稳压管并联稳压电源

$$U_I \uparrow \to U_Z \uparrow \to I_Z \uparrow \to I_{R1} \uparrow \to U_{R1} \uparrow \to U_Z \downarrow$$

相反的，如果U_I下降，可用下面的关系表示：

$$U_I \downarrow \to U_Z \downarrow \to I_Z \downarrow \to I_{R1} \downarrow \to U_{R1} \downarrow \to U_Z \uparrow$$

通过前面的分析可以看出，硅稳压管稳压电路中，VZ负责控制电路的总电流，R_1负责控制电路的输出电压，整个稳压过程由VZ和R_1共同作用完成。

（2）晶体管并联稳压电源　如图4-30所示，其中VT是调整管、VZ是基准稳压管，R_1是VZ的限流电阻，R_2是限流电阻，R_3是负载。这个稳压电路的输出电压约等于稳压管VZ的稳压值（实际上要加上VT发射结电压，一般锗管取0.3V，硅管取0.7V）。这是由于电源在工作时，VT发射结导通，发射极电压与基极电压保持一致，而基极电压被VZ稳定在一个固定值。这个电路可以看作VT将VZ的稳压作用放大了β倍，相当于接入一个稳压值为VZ稳压值，稳压效果为β倍VZ稳压效果的稳压管。

工作原理：

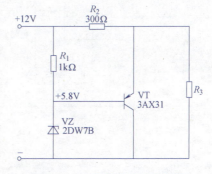

图4-30　晶体管并联稳压电源

$U_I \uparrow \to U_Z \uparrow \to (U_T)_{EC} \uparrow \to (I_T)_{EC} \uparrow \to I_{R2} \uparrow \to U_{R2} \uparrow \to (U_{T1})_{EC} \downarrow$

$U_I \downarrow \to U_Z \downarrow \to (U_T)_{EC} \downarrow \to (I_T)_{EC} \downarrow \to I_{R2} \downarrow \to U_{R2} \downarrow \to (U_{T1})_{EC} \uparrow$

4.6 汽车发电机三相桥式整流电路、汽车发电机调压电路

学习目标

- 了解汽车发电机的工作原理。
- 掌握发电机三相桥式整流电路原理。
- 掌握发电机调压电路工作原理。

交流发电机定子的三相绕组中感应产生的是交流电,是通过6个二极管组成的三相桥式整流电路整流为直流电的。

汽车中的整流二极管如图4-31所示。

正极管的外壳为负极,引出极为正极。在负极搭铁的硅整流发电机中,3个正极管的外壳压装在散热板的3个座孔内,共同组成发电机的正极,由一个与发电机后端盖绝缘的整流板固定螺栓通至机壳外,作为发电机的相线(俗称火线)接线柱"B"。负极管的外壳为正极,引出极为负极,在管壳底上一般标有黑色标记。3个负极管的外壳压装在后端盖的3个孔内,

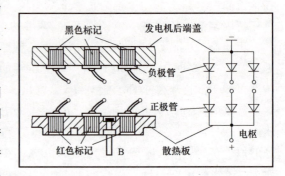

图4-31 整流二极管

和发电机外壳一起成为发电机的负极。负极管构成的整流电路称为三相桥式整流电路,将发电机的交流电变为12V的直流电。整流电路如图4-32所示。

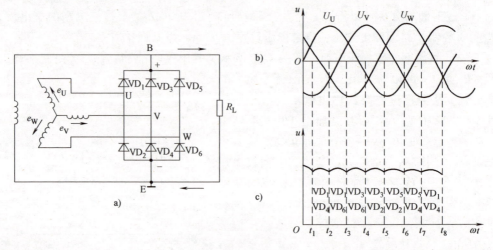

图4-32 整流电路

在这个电路中,3个正极管的正极引出线分别与三相绕组的首端相连成120°电角

度,且每相绕组的匝数相等。三相绕组的末端连在一起,呈星形联结。当磁场绕组接通直流电时,因电磁效应产生了磁场。发电机带动磁场旋转,根据电磁感应原理,在三相绕组中产生频率相同、幅值相等、相位互差120°的正弦电动势。在某一瞬间,只有与电位最高的一相绕组相连的正极管导通。同样,3个负极管的引出线也分别同三相绕组的首端相连。在某一瞬间,只有与电位最低的一相绕组相连的负极管导通,这样就产生了如图4-32的连续线性波形。

二极管具有单向导通性,当给二极管加上正向电压时二极管导通,当给二极管加上反向电压时二极管截止。6个二极管相当于将正弦波向下的电动势向上翻折,B、E两端测得的外显波形如图4-32c所示,将定子的三相绕组和6个整流二极管的电路连接,发电机的输出端B、E上就输出一个脉动直流电压,如图4-32所示,这就是发电机的整流原理。

其整流过程如下:在 $t=0$ 时,$U_U=0$,U_V 为负值,U_W 为正值,则二极管 VD_4、VD_5 获得正向电压而导通。电流从 W 相出发,经 VD_5、用电设备 R_L、VD_4 回到 V 相构成回路。因为二极管内阻很小,所以此时 W、V 之间的电压都加在负载上。在 $t_1 \sim t_2$ 时间内,U 相电压最高,V 相电压最低,所以 VD_1、VD_4 处于正向电压下而导通,U、V 之间的电压加在负载上。在 $t_2 \sim t_3$ 时间内,U 相电压最高,W 相电压最低,所以 VD_1、VD_6 处于正向电压下而导通,U、W 之间的电压加在负载上。在 $t_3 \sim t_4$ 时间内,VD_3、VD_6 导通,V、W 之间的电压加在负载上。这样反复循环,6个二极管轮流导通,在负载端便得到一个较平稳的直流电压。

4.7 二极管与晶体管的测量

> **学习目标**
>
> - 熟练掌握指针式万用表和数字式万用表的使用方法。
> - 熟练掌握用指针式万用表测量普通二极管和晶体管的方法。
> - 熟练掌握用数字式万用表测量普通二极管和晶体管的方法。

4.7.1 试验准备

指针式万用表;数字式万用表;普通整流二极管;小功率晶体管。

4.7.2 试验原理

1. 用指针式万用表测量二极管

测试前,先把万用表的转换开关拨到电阻档的 R×1k 档位(注意不要使用 R×1 档,以免电流过大烧坏二极管,也不要用 R×10k 档,该档电压太高,可能会击穿二极管),再将红、黑两表笔短路,进行欧姆调零。

(1) 正向特性测试 把万用表的黑表笔(表内正极)接触二极管的正极,红表笔(表内负极)接触二极管的负极。若表针不摆到0值而是停在标度盘的中间,这时的阻值就是二极管的正向电阻。一般小功率锗管的正向电阻为 1kΩ 左右,硅二极管的正向电阻为 5kΩ 左右。一般正向电阻越小越好,但若正向电阻为0值,说明管芯短路损坏;若正向电阻接近无穷大值,说明管芯断路。短路和断路的二极管都不能使用。

（2）反向特性测试　把万用表的红表笔接触二极管的正极，黑表笔接触二极管的负极。若表针指在无穷大值或接近无穷大值，二极管就是合格的。一般小功率锗管的反向电阻为几十 kΩ，硅二极管的反向电阻为 500kΩ 以上。

2. 普通二极管的检测

普通二极管是由一个 PN 结构成的半导体器件，具有单向导电特性。通过用万用表检测其正、反向电阻值，可以判别出二极管的电极，还可估测出二极管是否损坏。

二极管的判别

（1）极性的判别　将万用表置于 R×100 档或 R×1k 档，两个表笔分别接二极管的两个电极，测出一个结果后，对调两表笔，再次测出一个结果。两次测量的结果中，有一次测量出的阻值较大（为反向电阻），一次测量出的阻值较小（为正向电阻）。在阻值较小的一次测量中，黑表笔接的是二极管的正极，红表笔接的是二极管的负极。

（2）单向导电性能的检测及好坏的判断　通常，锗二极管的正向电阻值为 1kΩ 左右，反向电阻值为 300kΩ 左右。硅二极管的电阻值为 5kΩ 左右，反向电阻值为 ∞（无穷大）。正向电阻越小越好，反向电阻越大越好。正、反向电阻值相差越悬殊，说明二极管的单向导电特性越好。若测得二极管的正、反向电阻值均接近 0 或阻值较小，则说明该二极管内部已击穿短路或漏电损坏。若测得二极管的正、反向电阻值均为无穷大，则说明该二极管已断路损坏。

3. 用指针式万用表测量晶体管

用黑表笔接触某一管脚，红表笔分别接触另外两个管脚，如果表头读数都很小，则与黑表笔接触的那一个管脚是基极，可知此晶体管是 NPN 型。用红表笔接触某一管脚，黑表笔分别接触另外两个管脚，如果表头读数都很小，则与红表笔接触的那一个管脚是基极，可知此晶体管是 PNP 型。用上述方法既判定了晶体管的基极，又判定了晶体管的类型。

4.8　汽车发电机故障确认

学习目标

- 能够对发电机相关元件进行精确测量。
- 能够通过测量以及试验准确判断发电机故障。

4.8.1　实训准备

设备：故障车辆。

工具：举升机，万用表。

资料：实训指导书和相关车型的维修手册。

4.8.2　发电机拆装

1. 拆装步骤

1）外部清洗。用蘸有少许清洗剂的抹布将发电机表面擦拭干净。

注意：抹布不能有液体漏出，汽油清洗剂不能接触绝缘件。

2）拆下电刷组件。

要求：拆下螺钉时要注意用手压住电刷组件；因内部有弹簧，拆下电刷组件后应放在可靠处，以防电刷折断或粘上污物。

3）拆下连接前、后端盖的拉紧螺栓，分开前、后端盖。

要求：分解前先做好装配标记，螺钉一定与后端盖放在一起，一般转子和前端带轮放在一起，除非前轴承损坏；若前、后盖不能轻易分开时，可用橡胶锤轻轻敲打或用顶拔器分解，严禁重击。

4）拆掉防护罩的螺钉，取下防护罩。

5）拆下4个接线端三相绕组首端及中性点在散热板上的连接螺母，使定子与后端盖分离。

6）拆下后端盖上紧固整流器总成的螺钉。

7）清洗零件。

要求：对机械部分可用汽油或清洗液清洗，对电气部分用干净棉纱擦拭表面尘土、脏污。

8）将整流器装到后端盖上，拧上紧固螺钉。

9）将定子总成与后端盖结合，将定子绕组上的4个接线端子从后端盖孔中穿出，将接线端分别连接在整流器的接线螺钉上。

10）装防护罩，合上前、后端盖，拧上前、后端盖紧固螺栓，装回电刷架总成。

2. 拆装过程中的注意事项

1）注意发电机的搭铁极性，决不允许接反。如果发电机与蓄电池的极性接反，将造成功率二极管正向导通面有大电流通过而将其烧毁。

2）严禁通过使用螺钉旋具或导线将发电机"电枢"接线柱与外壳短接查看是否有火花的方式来检查发电机是否发电，尤其在转速高的情况下更要注意。因为这样短接造成的瞬时大电流或感应所产生的高电压容易使二极管击穿或烧坏。

3）发电机高速转动时，不应突然关闭电源开关，以免瞬时电压过高造成整流元件和调节器中半导体元件的损坏。

4）当发电机不发电或充电电流很小时，就应及时找出故障部位，不要长时间运转，因为发电机不发电或充电电流很小时，可能是由于二极管损坏而引起的。

5）发电机和电压调节器联合工作时输出电压是很稳定的，但在检修和使用中必须与车上的蓄电池并联使用。

4.8.3 发电机的故障检测（表4-1）

表4-1 发电机的故障检测

检测项目	操作方法	检测结果	判断与调整	备注
1. 转子总成的检测				
①转子绕组的检测	用万用表R×20电阻档测量两个集电环之间的电阻	阻值约为2.7Ω	小于即为短路；无穷大即为断路	
②转子绕组搭铁的检测	用万用表R×20k电阻档测量集电环与爪极或转子轴	阻值为无穷大	符合即为完好	

(续)

检测项目	操作方法	检测结果	判断与调整	备注
③转子铁心的检测	观察铁心是否松动	无松动现象	符合即为完好	
④转子轴与集电环圆跳动误差的检测	将转子轴置于V形块上,用百分表测量转子轴与集电环的圆跳动误差	转子轴的圆跳动误差≤0.1mm;集电环的圆跳动误差≤0.1mm	符合即为完好	
⑤集电环的检测	仔细观察集电环的表面	应平整光滑,无划痕和沟槽,集电环厚度应≥2mm	符合即为完好;若不符合用"00"号砂纸磨光滑	
2. 定子总成的检测				
①绕组相间短路的检测	先观察线圈漆包线有无变成焦煳色或严重脱皮。若有,说明定子绕组有短路故障;若无,用万用表 R×20 电阻档测量一端任意两相间的电阻	阻值无穷大	符合说明两绕组良好;否则两绕组间有短路	
②单相绕组的检测	用万用表 R×20 电阻档测量任意一相两端的电阻	阻值约为 0.3Ω	若小于说明短路无穷大为断路	
③定子绕组3个连接线端的电阻检测	将定子绕组任意一端三相接线连接为中性点,用万用表 R×20 电阻档测量另一端任意两相间的电阻	任意两相应相通,阻值应相等	若测出的电阻值过大,表明绕组断路;若测得阻值过小,表明绕组短路	
3. 硅二极管整流器的检测				
①正、负二极管的判断	观察两极板与B+接线柱的连接情况		与B+接线柱连接的为正极板,不相连的为负极板	
②正极管的检测	先对指针式万用表校零,调至 R×1 电阻档,红表笔搭散热板,黑表笔逐个搭正二极管引出线	阻值为 5~15Ω	符合即为完好;若测得正、反向电阻值均为零,则二极管短路;若测得正、反向电阻值均为无穷大,则二极管断路,两者均应更换二极管	
	将指针式万用表调至 R×10k 电阻档,黑表笔搭散热板,红表笔搭二极管的引出线	阻值大于 10kΩ		

（续）

检测项目	操作方法	检测结果	判断与调整	备注
③负极管的检测	先将指针式万用表校零，调至 R×1 电阻档，黑表笔搭散热板，红表笔逐个搭负二极管引出线	阻值为 5~15Ω	符合即为完好；若测得正、反向电阻值均为零，则二极管短路；若测得正、反向电阻值均为无穷大，则二极管断路，两者均应更换二极管	
	将指针式万用表调至 R×10k 电阻档，红表笔搭散热板，黑表笔搭二极管的引出线	阻值大于 10kΩ		
④3个小功率二极管的检测（方法同上）				
4. 电刷架总成前、后端盖及轴承的检测				
5. 电压调节器的检测				
①搭铁类型的判断			因为发电机为外搭铁型，所以使用的电压调节器是与之匹配的外搭铁型	
②调节器故障诊断	电源正极接调节器 B 端，负极接调节器 E 端，取 1 个试灯，一端接调节器 F 端，另一端接调节器 B 端		调节电源电压，若低于 13.5V 时灯泡亮，高于 14V 时灯泡熄灭，则说明电压调节器完好，否则为调节器损坏	

项目 5

数字电子技术

5.1 数制

学习目标

- 理解进制的含义。
- 掌握二进制、八进制、十进制、十六进制数的表示方法。
- 掌握二进制、八进制、十六进制数转换为十进制数的方法。
- 掌握十进制整数、小数转换为二进制数的方法。

5.1.1 常用的进位计数制

下面用进位计数制的三要素来描述二进制、八进制、十进制和十六进制,见表 5-1。

表 5-1 常用的进位计数制

常用进制	英文表示符号	数码符号	进位规律	进位基数
二进制	B	0、1	逢二进一	2
八进制	O	0、1、2、3、4、5、6、7	逢八进一	8
十进制	D	0、1、2、3、4、5、6、7、8、9	逢十进一	10
十六进制	H	0、1、2、3、4、5、6、7、8、9、A、B、C、D、E、F	逢十六进一	16

5.1.2 数制转换

1. 十进制、二进制、十六进制、八进制的概念

(1) 十进制 (D) 由 0~9 组成;权为 10^i;计数时按逢十进一的规则进行。例如,$(345.59)_{10}$ 或 345.59D。

(2) 二进制 (B) 由 0、1 组成;权为 2^i;计数时按逢二进一的规则进行。例如,$(101.11)_2$ 或 101.11B。

(3) 十六进制 (H) 由 0~9、A~F 组成;权为 16^i;计数时按逢十六进一的规则进行。例如，(IA.C)$_{16}$ 或 IA.CH。

(4) 八进制 (O)　由 0~7 组成；权为 8^i；计数时按逢八进一的规则进行。例如，(34.6)$_8$ 或 34.6O。

总结：不同数制的表示方法有两种，一种是加括号及数字下标，另一种是数字后加相应的大写字母 D、B、H、O。

2. 按权展开基本公式

设一个基数为 R 的数值 N，$N = (d_{n-1}d_{n-2}\cdots d_1d_0d_{-1}\cdots d_{-m})$，则 N 的展开为 $N = d_{n-1} \times R^{n-1} + d_{n-2} \times R^{n-2} + \cdots + d_1 \times R^1 + d_0 \times R^0 + d_{-1} \times R^{-1} + \cdots + d_{-m} \times R^{-m}$。

说明：$(d_{n-1}d_{n-2}\cdots d_1d_0d_{-1}\cdots d_{-m})$ 表示各位上的数字，R^i 为权。

例如：十进制数 2345.67 展开式为 $2345.67 = 2 \times 10^3 + 3 \times 10^2 + 4 \times 10^1 + 5 \times 10^0 + 6 \times 10^{-1} + 7 \times 10^{-2}$。

3. n 进制转换为十进制的方法

n 进制转换为十进制的方法：按权展开法（将 n 进制数按权展开相加即可得到相应的十进制数）。

例如，将二进制数 (1011.011)$_2$ 转换成十进制数：

$(1011.011)_2 = 1 \times 2^3 + 0 \times 2^2 + 1 \times 2^1 + 1 \times 2^0 + 0 \times 2^{-1} + 1 \times 2^{-2} + 1 \times 2^{-3} = (11.375)_{10}$

总结：n 进制转换为十进制的方法是按权展开法。

4. 十进制转换为 n 进制的方法

整数部分：除 n 取余逆排法。

将已知的十进制数的整数部分反复除以 n（n 为进制数，取值为 2、8、16，分别表示二进制、八进制和十六进制），直到商是 0 为止，并将每次相除之后所得到的余数按次序记下来，第一次相除所得的余数 K_0 为 n 进制数的最低位，最后一次相除所得余数 K_{n-1} 为 n 进制数的最高位。排列次序为 $K_{n-1}K_{n-2}\cdots\cdots K_1K_0$ 的数就是换算后得到的 n 进制数。

十进制数转换为 n 进制数分两个部分进行，一是整数部分，二是小数部分。整数部分转换方法：除 n 取余逆排法。小数部分转换方法：乘 n 取整顺排法。

5.2 码制

> **学习目标**
> - 了解用 BCD 码表示十进制数的方法。
> - 了解 BCD 码和自然二进制码的区别。
> - 了解 8421、2421 等 BCD 码。
> - 了解格雷码、余 3 码。

在数字系统中，常用 0 和 1 的组合来表示不同的数字、符号、动作或事物，这一过程称为编码，信息的编码通常由编码表说明，这些编码的组合称为代码。

代码可分为数字型的和字符型的、有权的和无权的。数字型代码用来表示数字的大小，字符型代码用来表示不同的符号、动作或事物。有权代码的每一数位都定义了相应的位权，无权代码的数位没有定义相应的位权。

5.2.1 加权二进制码

二进制码有些不易理解，例如，将二进制数 10010110_2 转换为十进制数形式，则结果为 $10010110_2 = 150_{10}$，但是做这样的转换并非直观明了。

由二进制编码的十进制码（BCD）转换为十进制就容易得多。凡是用若干位二进制数来表示一位十进制数的方法，统称为十进制数的二进制编码，简称 BCD 码。

用二进制码来表示 0~9 这 10 个数符，必须用 4 位二进制代码来表示，而 4 位二进制码共有 16 种组合，从中取出 10 种组合来表示 0~9 的编码方案，约有 2.9×10^{10} 种。

加权码是每个数位都分配了权或值的编码。下面分别介绍几种常用的加权二进制编码。

1. 8421BCD 码

8421BCD 码是最基本、最常用的一种编码方案，因而习惯上将其简称为 BCD 码。在这种编码方式中，每一位二进制代码都代表一个固定的数值，把每一位的 1 代表的十进制数加起来，得到的结果就是它所代表的十进制数码。由于代码中从左到右每一位的 1 分别表示 8、4、2、1，所以称为 8421 码。在 8421 码中每一位 1 代表的十进制数称为这一位的权。表 5-2 列出了十进制数 0~9 对应的 4 位 BCD 码。虽然 8421BCD 码的权值与 4 位自然二进制码的权值相同，但二者是两种不同的代码。8421BCD 码只是取用了 4 位自然二进制代码的前 10 种组合。

2. 2421BCD 码

2421BCD 码是另一种有权码，它的各位权值分别是 2、4、2、1。除了上面列出的两种，常见的还有 4221BCD 码和 5421BCD 码，见表 5-2。

表 5-2 常见的几种加权 BCD 码

十进制	8421BCD 8s 4s 2s 1s	2421BCD 2s 4s 2s 1s	4221BCD 4s 2s 2s 1s	5421BCD 5s 4s 2s 1s
0	0 0 0 0	0 0 0 0	0 0 0 0	0 0 0 0
1	0 0 0 1	0 0 0 1	0 0 0 1	0 0 0 1
2	0 0 1 0	0 0 1 0	0 0 1 0	0 0 1 0
3	0 0 1 1	0 0 1 1	0 0 1 1	0 0 1 1
4	0 1 0 0	0 1 0 0	1 0 0 0	0 1 0 0
5	0 1 0 1	1 0 1 1	0 1 1 1	1 0 0 0
6	0 1 1 0	1 1 0 0	1 1 0 0	1 0 0 1
7	0 1 1 1	1 1 0 1	1 1 0 1	1 0 1 0
8	1 0 0 0	1 1 1 0	1 1 1 0	1 0 1 1
9	1 0 0 1	1 1 1 1	1 1 1 1	1 1 0 0

用 BCD 码表示十进制数，只要把十进制数的每一位数码分别用 BCD 码取代即可；反之，若要知道 BCD 码代表的十进制数，只要 BCD 码以小数点为起点向左、右每 4 位分成一组，再写出每一组代码代表的十进制数，并保持原排序即可。

5.2.2　不加权的二进制码

有一些不加权的二进制码的每一位都没有具体的权值。例如，余 3 码、格雷码就是两种不加权的二进制码。

1. 余 3 码

余 3 码是一种特殊的 BCD 码，它是由 8421BCD 码加 3 后形成的，所以称为余 3 码（简写为 XS3），见表 5-3。对于一个数 N，它的余 3 码和对应的 8421BCD 码之间有如下关系：$(N)_{XS3} = (N)_{8421BCD} + (3)_{8421BCD}$。

表 5-3　BCD 码和余 3 码的比较

十进制数	8421BCD	余 3 码
0	0000	0011
1	0001	0100
2	0010	0101
3	0011	0110
4	0100	0111
5	0101	1000
6	0110	1001
7	0111	1010
8	1000	1011
9	1001	1100

2. 格雷码

格雷码是不加权的二进制码，它不属于 BCD 类型的编码。格雷码又称为循环码，具有多种编码形式，但有一个共同的特点，就是任意两个相邻的格雷代码之间仅有一位不同，其余各位均相同。和二进制数相似，格雷码可以拥有任意的位数。表 5-4 中列出了格雷码及相应二进制码与十进制数的对照表。

表 5-4　4 位格雷码与二进制码的比较

十进制数	二进制码	格雷码	十进制数	二进制码	格雷码
0	0000	0000	8	1000	1100
1	0001	0001	9	1001	1101
2	0010	0011	10	1010	1111
3	0011	0010	11	1011	1110
4	0100	0110	12	1100	1010
5	0101	0111	13	1101	1011
6	0110	0101	14	1110	1001
7	0111	0100	15	1111	1000

二进制码到格雷码的转换：

1）格雷码的最高位（最左边）与二进制码的最高位相同。

2）从左到右，逐一将二进制码的两个相邻位相加，作为格雷码的下一位（舍去进位）。

3) 格雷码和二进制码的位数始终相同。

5.3 逻辑代数与基本运算、逻辑代数的运算法则

> **学习目标**
> - 掌握逻辑代数中的基本逻辑关系。
> - 掌握常用逻辑运算。
> - 掌握基本公式和常用公式。

逻辑代数是一种描述客观事物逻辑关系的数学方法,是英国数学家乔治·布尔首先提出来的,所以又称为布尔代数。由于逻辑代数中的变量和常量都只有"0"和"1"两个取值,又可以称为二值代数。

逻辑代数是研究数字电路的数学工具,是分析和设计逻辑电路的理论基础。逻辑代数研究的内容是逻辑函数与逻辑变量之间的关系。

5.3.1 逻辑代数中的基本逻辑关系

1. 逻辑代数中的几个问题

(1) 逻辑代数中的变量和常量 逻辑代数与普通代数相似,有变量也有常量。

逻辑代数中的变量用大写英文字母 A、B、C……表示,称为逻辑变量。每个逻辑变量的取值只有"0"和"1"两种。逻辑代数中的常量只有两个:0 和 1。与普通代数不同的是这里的 0 和 1 不再表示数值的大小,而是代表两种不同的逻辑状态。例如,可以用 1 和 0 表示开关的闭合与断开、信号的有和无、高电平与低电平、是与非等。其代表的意义要视具体情况而定。

(2) 正逻辑和负逻辑的规定 脉冲信号的高、低电平可以用 1 和 0 来表示。

规定:如果高电平用 1 表示、低电平用 0 表示,则这种表示方法称为正逻辑。如果高电平用 0 表示、低电平用 1 表示,则这种表示方法称为负逻辑。如果无特殊声明,均采用正逻辑。

2. 基本逻辑关系

逻辑代数中有与、或、非 3 种基本逻辑关系,分别对应着与、或、非 3 种基本逻辑运算。

(1) 与逻辑 只有决定某件事情的所有条件都具备时,结果才会发生。这种结果与条件之间的关系称为与逻辑关系,简称与逻辑。例如,把两个开关和灯串联接到电源上,把"开关闭合"作为条件,把"灯亮"作为结果,则只有当两个开关都闭合时灯才能亮。两个开关中有一个不闭合,灯就不能亮。

与运算符号为"&",与逻辑可以表示为 $Y = A \cdot B$ 或写成 $Y = AB$(省略运算符号)。与运算又称逻辑乘。

(2) 或逻辑 当决定事物结果的几个条件中,有一个或一个以上得到满足时,结果就会发生,这种逻辑关系称为或逻辑。以上述灯的情况为例,把两个开关并联后和灯串联接到电源上,把"开关闭合"作为条件,把"灯亮"作为结果,则两个开关中有 1 个或两个闭合时灯均能亮。

或逻辑运算符号为"+"。或逻辑可以表示为 $Y=A+B$。或运算又称为逻辑加。

（3）非逻辑　条件具备时结果不发生，条件不具备时结果才发生。这种结果与条件之间的关系称为非逻辑关系，简称非逻辑。非逻辑也称为逻辑求反。

仍以上述灯的情况为例，把 1 个开关和灯并联后接到电源上，把"开关闭合"作为条件，把"灯亮"作为结果，则开关断开时灯亮，开关闭合时灯不亮。

非逻辑用变量上的"−"表示。非逻辑用表达式可以表示为 $Y=\overline{A}$。

在上述 3 种基本逻辑关系中，如果用逻辑变量 A、B 表示两个开关，用 1 表示开关闭合、用 0 表示开关断开；用 Y 表示灯的状态，用 1 表示灯亮、用 0 表示灯不亮，则可以列出 3 个表格，这些表格称为真值表。3 种基本逻辑关系真值表见表 5-5 ~ 表 5-7。

表 5-5　与逻辑真值表

A	B	Y
0	0	0
0	1	0
1	0	0
1	1	1

表 5-6　或逻辑真值表

A	B	Y
0	0	0
0	1	1
1	0	1
1	1	1

表 5-7　非逻辑真值表

A	Y
0	1
1	0

与逻辑输出变量与输入变量的关系为：有 0 出 0，全 1 出 1。

或逻辑输出变量与输入变量的关系为：有 1 出 1，全 0 出 0。

非逻辑输出变量与输入变量的关系为：见 1 出 0，见 0 出 1。

5.3.2　几种常用的逻辑运算

基本逻辑关系都可以由具体电路来实现。通常把实现与逻辑运算的单元电路称为与门；把实现或逻辑运算的单元电路称为或门；把实现非逻辑运算的单元电路称为非门（或称为反相器）。

基本逻辑运算简单，容易实现，但是实际的逻辑问题要比基本逻辑运算复杂得多。有时实现基本逻辑运算的门电路（如二极管与门电路）也不是太理想，所以常把与、或、非合理地组合起来使用，这就是复合逻辑运算。与之对应的门电路称为复合逻辑门电路。常用的复合逻辑运算有与非运算、或非运算、与或非运算、异或运算、同或运算等。

1."与非"逻辑

与非逻辑是把与逻辑和非逻辑组合起来实现的。先进行与运算，再把"与"运算的结果进行非运算。与非逻辑的真值表（以二变量为例）见表 5-8。

表 5-8　二变量与非逻辑真值表

A	B	Y
0	0	1
0	1	1
1	0	1
1	1	0

与非逻辑的逻辑符号及与非逻辑的表达式如图 5-1 所示。

或非逻辑的逻辑符号及或非逻辑的表达式如图 5-2 所示。

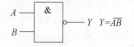

图 5-1　与非逻辑的逻辑符号与表达式

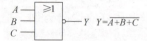

图 5-2　或非逻辑的逻辑符号与表达式

或非逻辑真值表见表 5-9。

表 5-9　三变量或非逻辑真值表

A	B	C	Y
0	0	0	1
0	0	1	0
0	1	0	0
0	1	1	0
1	0	0	0
1	0	1	0
1	1	0	0
1	1	1	0

2. 与或非逻辑

与或非逻辑是把与逻辑、或逻辑和非逻辑组合起来实现的。先进行与运算，再把与运算的结果进行或运算，最后进行非运算。与或非逻辑的逻辑符号如图 5-3 所示。

与或非逻辑的表达式可以写成 $Y=\overline{A \cdot B+C \cdot D}$，与或非逻辑的真值表（以四变量为例）见表 5-10。

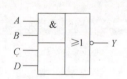

图 5-3　与或非逻辑的逻辑符号

表 5-10　四变量与或非逻辑真值表

A	B	C	D	Y
0	0	0	0	1
0	0	0	1	1
0	0	1	0	1
0	0	1	1	0
0	1	0	0	1
0	1	0	1	1
0	1	1	0	1
0	1	1	1	0
1	0	0	0	1
1	0	0	1	1
1	0	1	0	1
1	0	1	1	0
1	1	0	0	0
1	1	0	1	0
1	1	1	0	0
1	1	1	1	0

3. 异或逻辑

异或逻辑的逻辑关系是：当 A、B 两个变量取值不相同时，输出 Y 为 1；而 A、B 两个变量取值相同时，输出 Y 为 0。异或逻辑的真值表见表 5-11。异或逻辑的逻辑符号如图 5-4 所示。

表 5-11 异或逻辑的真值表

A	B	Y
0	0	0
0	1	1
1	0	1
1	1	0

异或逻辑的表达式可以写成 $Y = A \oplus B$，异或逻辑表达式也可以用与、或的形式表示，即写成 $Y = \overline{A}B + A\overline{B}$。在化简逻辑函数时，必须把异或逻辑表达式写成 $Y = \overline{A}B + A\overline{B}$ 才能进行化简。

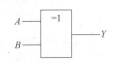

图 5-4 异或逻辑的逻辑符号

4. 同或逻辑

同或逻辑的逻辑关系是：当 A、B 两个变量取值相同时，输出 Y 为 1；而 A、B 两个变量取值不相同时，输出 Y 为 0。同或逻辑的真值表见表 5-12。同或逻辑的逻辑符号如图 5-5 所示。

同或逻辑的表达式可以写成 $Y = A \odot B$，同或逻辑表达式也可以用与、或的形式表示，即写成 $Y = \overline{A}\,\overline{B} + AB$。在化简逻辑函数时，必须把同或逻辑表达式写成 $Y = \overline{A}\,\overline{B} + AB$ 才能进行化简。

表 5-12 同或逻辑真值表

A	B	Y
0	0	1
0	1	0
1	0	0
1	1	1

5.3.3 逻辑运算基本公式

1. 基本公式

根据逻辑与、或、非 3 种基本运算，可推导出逻辑运算的一些基本公式。表 5-13 中给出了逻辑代数中的基本公式，公式 10 是 0 和 1 求反运算时的运算规则。因为逻辑代数中只有 0 和 1 两个数码，所以 0 和 1 是互为求反运算的结果。公式 1、11、2、12 中只有一个变量，它们是变量与常量之间的运算规则，统称为 01 律。公式 3、13 是同一个变量的运算规则，称为重叠律。公式 4、14 是变量与它的反变量之间的运算规则，称为互补律。公式 9 称为非-非律。要验证这些公式是否正确，可以把变量的所有可能的取值分别代入等式的两边，如果完全相等则等式成立，否则等式不成立。公式 5、15 称为交换律。公式 6、16 称为结合律。公式 7、17 称为分配律。公式 8、18 称为反演律。对于多个变量的恒等式，要证明它的正确性，可以应用真值表来证明。具体方法是分别列出等式左边的真值表和等式右边的真值表，如果每一组变量的取值下两个真值表都相同，则等式成立。

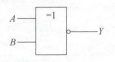

图 5-5 同或逻辑的逻辑符号

表 5-13 逻辑代数中的基本公式

序号	公式	序号	公式
1	$0 \cdot A = 0$	10	$\bar{0} = 1$　$\bar{1} = 0$
2	$1 \cdot A = A$	11	$1 + A = 1$
3	$A \cdot A = A$	12	$0 + A = A$
4	$A \cdot \bar{A} = 0$	13	$A + A = A$
5	$A \cdot B = B \cdot A$	14	$A + \bar{A} = 1$
6	$A \cdot (B \cdot C) = (A \cdot B) \cdot C$	15	$A + B = B + A$
7	$A \cdot (B + C) = A \cdot B + A \cdot C$	16	$A + (B + C) = (A + B) + C$
8	$\overline{A \cdot B} = \bar{A} + \bar{B}$	17	$A + B \cdot C = (A + B) \cdot (A + C)$
9	$\bar{\bar{A}} = A$	18	$\overline{A + B} = \bar{A} \cdot \bar{B}$

2. 逻辑代数中的基本规则

逻辑代数中有 3 个基本规则，充分应用这些规则可以扩大公式的应用范围，还可以减少一些公式的证明。

（1）代入规则　任何一个含有变量 A 的等式，若将所有出现 A 的位置都用另一个逻辑函数代替，则该等式仍然成立，这个规则称为代入规则。

因为变量 A 只有 0 和 1 两种取值，将 $A = 0$ 和 $A = 1$ 代入等式，等式一定成立。而对于任何一个逻辑函数也和逻辑变量一样，只有 0 和 1 两种取值，因此用它取代等式中的变量 A 时，等式自然会成立。因此代入规则不需证明，即可以认为是正确的。

（2）反演规则　对于任何一个逻辑函数表达式 Y，如果将式中的所有 · 换成 +、+ 换成 ·，0 换成 1、1 换成 0，原变量换成反变量、反变量换成原变量，就可以得到原逻辑函数 Y 的反函数，这个规则称为反演规则。反演规则用于求一个已知逻辑函数 Y 的反函数 $\bar{Y}$。

应用反演规则时应该注意以下两点：

1）反演运算前、后，函数式中运算的优先顺序（先"与"后"或"）应该保持不变。

2）多个变量上的非号应该保持不变。

（3）对偶规则　对于任何一个逻辑表达式 Y，如果把 Y 中的所有的 · 换成 +、+ 换成 ·，0 换成 1、1 换成 0，就可以得到一个新的逻辑表达式 Y'，Y' 与 Y 互为对偶式。当某个逻辑恒等式成立时，则它的对偶式也成立，这个规则称为对偶规则。应用对偶规则可以减少公式的证明范围。

5.4　基本逻辑门电路、复合逻辑门电路、组合逻辑电路

- 认识基本逻辑门电路。
- 了解复合逻辑门电路的组成。
- 掌握组合逻辑电路的分析方法。
- 掌握时序电路基础。

实现基本逻辑运算和常用复合逻辑运算的单元电路称为逻辑门电路。例如,实现与运算的电路称为与逻辑门,简称与门;实现与非运算的电路称为与非门。逻辑门电路是设计数字系统的最小单元。

5.4.1 基本逻辑电路

1. 与门

实现与逻辑运算功能的电路称为与门。每个与门有两个或两个以上的输入端和一个输出端。图 5-6 所示为 2 输入端与门的逻辑符号。在实际应用中,制造工艺限制了与门电路的输入变量数目,所以实际与门电路的输入个数是有限的。其他门电路中同样如此。

2. 或门

实现或逻辑运算功能的电路称为或门。每个或门有两个或两个以上的输入端和一个输出端。图 5-7 所示为 2 输入端或门的逻辑符号。

3. 非门

实现非逻辑运算功能的电路称为非门。非门也称为反相器。每个非门有一个输入端和一个输出端。图 5-8 所示为非门的逻辑符号。

图 5-6 与门的逻辑符号　　图 5-7 或门的逻辑符号　　图 5-8 非门的逻辑符号

5.4.2 复合逻辑门

1. 与非门

与运算后再进行非运算的复合运算称为与非运算,实现与非运算的逻辑电路称为与非门。一个与非门有两个或两个以上的输入端和一个输出端,2 输入端与非门的逻辑符号如图 5-9 所示。

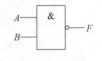

图 5-9 与非门的逻辑符号

其输出与输入之间的逻辑关系表达式为 $F=\overline{A \cdot B}$。

与非门真值表见表 5-14。

表 5-14 与非门真值表

A	B	$F=\overline{A \cdot B}$
0	0	1
0	1	1
1	0	1
1	1	0

使用与非门可实现任何逻辑功能的逻辑电路,与非门是一种通用逻辑门。

2. 或非门

或运算后再进行非运算的复合运算称为或非运算,实现或非运算的逻辑电路称为或非门。一个或非门有两个或两个以上的输入端和一个输出端。2 输入端或非门的逻辑符号如图 5-10 所示。

图 5-10 或非门的逻辑符号

输出与输入之间的逻辑关系表达式为 $F=\overline{A+B}$。

或非门真值表见表 5-15。

表 5-15 或非门真值表

A	B	$F = \overline{A + B}$
0	0	1
0	1	0
1	0	0
1	1	0

和与非门一样，或非门也可用来实现任何逻辑功能的逻辑电路，也是一种通用逻辑门。

3. 异或门

在集成逻辑门中，异或逻辑主要为 2 输入变量门，对 3 输入或更多输入变量的逻辑，都可以由 2 输入门导出。所以，常见的异或逻辑是 2 输入变量的情况。

对于 2 输入变量的异或逻辑，当两个输入端取值不同时，输出为 1；当两个输入端取值相同时，输出为 0。实现异或逻辑运算的逻辑电路称为异或门。图 5-11 所示为 2 输入异或门的逻辑符号。

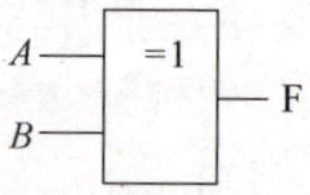

相应的逻辑表达式为 $F = A \oplus B = \overline{A}B + A\overline{B}$。

异或门真值表见表 5-16。

图 5-11 异或门的逻辑符号

表 5-16 异或门真值表

A	B	$F = A \oplus B$
0	0	0
0	1	1
1	0	1
1	1	0

多变量的异或逻辑运算常以两变量的"异或"逻辑运算的定义为依据进行推证。N 个变量的异或逻辑运算输出值和输入变量取值的对应关系是：输入变量的取值组合中有奇数个 1 时，"异或"逻辑运算的输出值为 1；反之，输出值为 0。

4. 同或门

异或运算之后再进行非运算称为同或运算，实现同或运算的电路称为同或门。同或门的逻辑符号如图 5-12 所示。

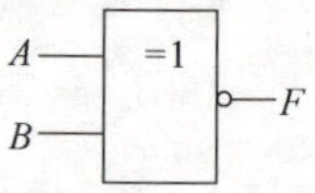

图 5-12 同或门的逻辑符号

同或运算的逻辑表达式为 $F = A \odot B = \overline{A \oplus B} = \overline{A}\,\overline{B} + AB$。

同或门真值表见表 5-17。

表 5-17 同或门真值表

A	B	$F = A \odot B$
0	0	1
0	1	0
1	0	0
1	1	1

多变量的同或逻辑运算也常以二变量的同或逻辑运算的定义为依据进行推证。N 个变量的同或逻辑运算的输出值和输入变量取值的对应关系是：输入变量的取值组合中有偶数个 1 时，同或逻辑运算的输出值为 1；反之，输出值为 0。

5.4.3　组合逻辑电路的分析方法

1）根据给定的组合逻辑电路逐级写出逻辑函数表达式。
2）化简表达式得到最简表达式。
3）列出电路的真值表。
4）确定电路能完成的逻辑功能。

组合逻辑电路的分析步骤如图 5-13 所示。

表 5-13　组合逻辑电路的分析步骤

项目6

单片机技术

6.1 认知 MCS-51 单片机硬件结构

> **学习目标**
> - 了解单片机的发展史。
> - 了解 MCS-51 单片机逻辑结构。
> - 了解 MCS-51 单片机引脚功能。
> - 了解 MCS-51 单片机时钟电路与时序。

6.1.1 单片机和单片机系统概述

单片机因其将主要组成部分集成在一块芯片上而得名,具体说就是把中央处理器(CPU)、随机存储器(RAM)、只读存储器(ROM)、中断系统、定时器/计数器以及输入/输出(I/O)口电路等主要微型机部件集成在一块芯片上。虽然单片机只有一块芯片,但从功能上看,它已具有了微型计算机的属性,为此称它为单片微型计算机 SCMC(Single Chip MicroComputer),简称单片机。

单片机主要应用于控制领域,用以实现各种测量和控制功能,为了强调其控制属性,也将单片机称为微控制器(MCU)。在国际上,微控制器的叫法更通用一些,而在我国则比较习惯于单片机这一名称。

单片机只是一个块芯片。单片机系统是在单片机芯片的基础上扩展其他电路或芯片构成的具有一定应用功能的计算机系统(电路)。单片机和单片机系统目前广泛应用于包括汽车在内的许多领域。

6.1.2 单片机的发展

继 1971 年微处理器研制成功不久,就出现了单片的微型计算机,即单片机。

1976 年,Intel 公司推出了 8 位的 MCS-48 系列单片机,它以体积小、控制功能全、价格低等特点赢得了广泛的应用和好评,为单片机的发展奠定了坚实的基础,成为单片机发展史上的一个重要阶段。其后,许多单片机生产厂商竞相研制和发展自己的单片机系列。到 20 世纪 80 年代末,Motorola 公司、Zilog 公司、Rockwell 公司、NEC 公司已相继推出了各自的单片机产品。

尽管目前单片机的品种很多，但是在我国使用最多的是 Intel 公司的单片机产品。MCS-51 系列单片机是在 MCS-48 单片机的基础上发展起来的，并且具有更强大的功能。本书以 Intel 公司的 MCS-51 系列的 80C51 单片机为例对单片机进行介绍。

6.1.3　MCS-51 单片机的逻辑结构

MCS-51 单片机采用冯·诺依曼结构，即单片机由运算器、控制器、存储器、输入设备、输出设备 5 个基本部分组成。MCS-51 单片机的逻辑结构如图 6-1 所示。

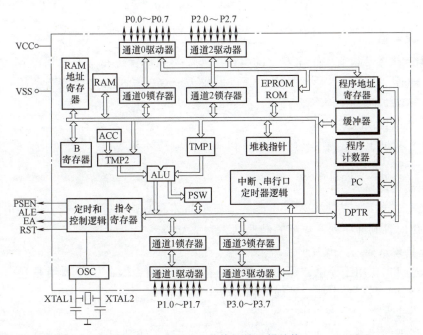

图 6-1　MCS-51 单片机的逻辑结构

1. 中央处理器（CPU）

中央处理器是单片机的核心，主要完成运算和控制操作。按其功能分，中央处理器包括运算电路和控制电路两部分。

运算电路是单片机的运算部件，用于实现算术和逻辑运算。运算和操作结果的状态由状态寄存器保存。

控制电路是单片机的指挥控制部件，保证单片机各部分能自动而协调地工作。单片机执行指令是在控制电路的控制下进行的。首先从程序存储器中读出指令，送指令寄存器保存，然后送指令译码器进行译码，译码结果送定时控制逻辑电路，由定时控制逻辑产生各种定时信号和控制信号，再送到系统的各个部件去进行相应的操作。这就是执行一条指令的过程，执行程序就是不断地重复这一过程。

2. 内部数据存储器

内部数据存储器包括 RAM（128B×8）和 RAM 地址寄存器。MCS-51 系列单片机的 80C51 单片机中共有 256 个 RAM 单元，但其中后 128 单元被专用寄存器占用，供用户使用的只是前 128 单元，用于存放可读写的数据。因此，通常所说的内部数据存储器指前 128 单元，简称内部 RAM。

3. 内部程序存储器

内部程序存储器包括 ROM（4KB×8）和程序地址寄存器等。80C51 单片机共有 4KB 的 ROM，用于存放程序和原始数据。因此称为程序存储器，简称内部 ROM。

4. 定时器/计数器

出于控制应用的需要，80C51 共有两个 16 位的定时器/计数器，以实现定时或计数功能，并以其定时或计数结果对单片机进行控制。

5. 并行 I/O 口

MCS-51 共有 4 个 8 位的 I/O 口（P0、P1、P2、P3），以实现数据的并行输入/输出。

6. 串行口

MCS-51 单片机有一个全双工的串行口，以实现单片机和其他数据设备之间的串行数据传送。该串行口功能较强，既可以作为全双工异步通信收发器使用，也可以作为同步移位器使用。

7. 中断控制系统

MCS-51 单片机的中断功能较强，以满足控制应用的需要。全部中断分为高级和低级共两个优先级别。

8. 时钟电路

MCS-51 单片机内部有时钟电路，但石英晶体和微调电容需外接。时钟电路为单片机产生时钟脉冲序列，典型的晶振频率为 12MHz。

9. 位处理器

单片机主要用于控制，需要有较强的位处理功能，因此位处理器是它的必要组成部分。在一些资料中把位处理器称为布尔处理器。

10. 总线

上述部件都是通过总线连接起来构成一个完整的单片机系统。系统的地址信号、数据信号、控制信号都是通过总线传送的。总线的结构减少了单片机的连线和引脚，提高了集成度和可靠性。

6.1.4 MCS-51 单片机的引脚功能

80C51 是标准的 40 引脚双列直插式集成电路芯片，引脚排列如图 6-2 所示。

1. 电源引脚

VCC（40 脚）：芯片电源正极，接 +5V。VSS（20 脚）：芯片电源负极或接地端。

2. 时钟引脚

XTAL1（18 脚）、XTAL2（19 脚）：晶体振荡电路反相输入端和输出端。使用内部振荡电路时外接晶振。

3. 控制引脚

ALE（30 脚）：地址锁存控制信号。ALE 功能：在系统扩展时，用来将 P0 口输出的低 8 位地址送入锁存器锁存起来，以实现低 8 位地址和数据的分时传

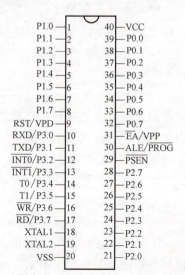

图 6-2　80C51 单片机引脚图

送。此外，由于 ALE 是以 1/6 晶振频率的固定频率输出正脉冲，因此，可作为外部时钟或外部定时脉冲使用。

$\overline{PSEN}$（29 脚）：外部程序存储器读选通信号。在读外部 ROM 时，低电平有效，以实现外部 ROM 单元的读操作。

RST（9 脚）：复位信号。当 RST 输入的复位信号延续两个机器周期以上高电平即为有效，用以完成单片机的复位操作。

$\overline{EA}$（31 脚）：访问程序存储器控制信号。当$\overline{EA}$为低电平时，对 ROM 的读操作限定在外部程序存储器；当$\overline{EA}$为高电平时，则对 ROM 的读操作是从内部程序存储器开始，并可延续到外部程序存储器。

4. I/O 引脚

MCS-51 共有 4 个 8 位并行 I/O 端口：P0、P1、P2、P3 口，共 32 个引脚。

P0 口：P0.0~P0.7（39~32 脚），8 位双向口，是 8 位地址线和 8 位数据线的复用端口。

P1 口：P1.0~P1.7（1~8 脚），8 位双向口。

P2 口：P2.0~P2.7（21~28 脚），8 位双向口。在访问外部程序存储器时，它作存储器的高 8 位地址线。

P3 口：P3.0~P3.7（10~17 脚），8 位双向口。P3 口还具有第二功能，用于特殊信号输入、输出和控制信号（属控制总线）。

P3.0——RXD：串行口输入端。

P3.1——TXD：串行口输出端。

P3.2——$\overline{INT0}$：外部中断 0 请求输入端。

P3.3——$\overline{INT1}$：外部中断 1 请求输入端。

P3.4——T0：定时器/计数器 0 外部信号输入端。

P3.5——T1：定时器/计数器 1 外部信号输入端。

P3.6——$\overline{WR}$：外部 RAM 写选通信号输出端。

P3.7——$\overline{RD}$：外部 RAM 读选通信号输出端。

6.1.5 单片机时钟电路与时序

时钟电路用于产生单片机工作所需要的时钟信号。单片机本身就是一个复杂的同步时序电路，为了保证同步工作方式的实现，电路应在唯一的时钟信号控制下严格地按时序进行工作。时序研究的是指令执行中各信号之间的相互时间关系。

MCS-51 单片机外接石英晶体和微调电容，振荡电路产生振荡脉冲。但该振荡脉冲并不直接使用，而是分频后为系统所用。将振荡脉冲的周期定义为节拍（用 P 表示）。振荡脉冲经过二分频后就是单片机的时钟信号，时钟信号的周期定义为状态（用 S 表示）。一个机器周期的宽度为 6 个状态，即 12 个节拍，因此机器周期是振荡脉冲的 12 分频。执行一条指令所需要的时间称为指令周期。指令周期是最大的时序定时单位。指令周期是以机器周期的数目来表示的。MCS-51 单片机的指令周期根据指令的不同，可包含 1、2、3、4 个机器周期。

当单片机外接 6MHz 的晶振时，其振荡周期（节拍）为 $1/6\mu s$，其时钟周期（状态）为 1/3μs，其机器周期为 2μs，其指令周期根据指令的不同有 2μs、4μs、6μs、8μs。

6.2　认知 MCS-51 单片机指令系统

> **学习目标**
> - 了解 MCS-51 单片机指令及指令系统的定义。
> - 了解 MCS-51 单片机指令格式。
> - 了解 MCS-51 单片机寻址方式。
> - 了解 MCS-51 单片机指令系统的分类。

6.2.1　单片机指令系统概述

指令是供用户使用的单片机的软件资源。一台单片机所能执行的指令集合就是它的指令系统。为起到助记作用，指令常以其英文名称或缩写形式来作为助记符。以助记符表示的指令是计算机的汇编语言，使用指令编写的程序称为汇编语言程序。

指令系统是由单片机生产厂商定义的，因此实际上就成了用户必须理解和遵循的标准。指令系统没有通用性，各种单片机都有自己专用的指令系统，因此由汇编语言编写的程序也没有通用性，无法直接移植。

由于目前单片机主要使用汇编语言，因此指令系统是学习和使用单片机的基础和工具，对单片机用户格外重要，是必须了解的重要知识。

6.2.2　MCS-51 单片机指令格式

指令的表示方法称为指令格式，一条指令通常由两部分组成，即操作码和操作数。操作码是用来规定指令进行什么操作的，而操作数则是指令操作的对象，操作数可能是一个具体的数据，也可能是指出到哪里取得数据的地址或符号。

在 MCS-51 单片机指令系统中，有一字节、二字节和三字节等不同长度的指令。

6.2.3　MCS-51 单片机寻址方式

大多数指令执行时都需要使用操作数，所以就存在如何取得操作数的问题。由于在单片机中只有指定了单元才能得到操作数，因此所谓寻址，实际上就是如何指定操作数的所在单元。根据指定方法的不同，就有了不同的寻址方式。

MCS-51 单片机共有 7 种不同的寻址方式：

（1）寄存器寻址方式　操作数存放在寄存器中，因此指定了寄存器就能得到操作数。

（2）直接寻址方式　指令中操作数直接以单元地址的形式给出，所以称为直接寻址。

（3）寄存器间接寻址方式　对于寄存器寻址方式，寄存器中存放的是操作数；而对于寄存器间接寻址方式，寄存器中存放的是操作数的地址，即操作数是通过寄存器间接得到的，因此称为寄存器间接寻址。

（4）立即寻址方式　操作数在指令中直接给出。通常出现在指令中的操作数称为立即数，因此这种寻址方式称为立即寻址。

（5）变址寻址方式　MCS-51 的变址寻址是以 DPTR 或 PC 作基址寄存器，以累加器 A 作变址寄存器，并以两者内容相加形成的 16 位地址作为操作数地址，以达到访问数据表格的目的。

（6）位寻址方式　MCS-51 有位处理功能，可以对数据位进行操作，因此就有相应的位寻址方式。

（7）相对寻址方式　前面讲述的 6 种寻址方式主要是解决操作数的给出问题，而此处的相对寻址方式则是为解决程序转移而专门设置的，为转移指令所用。在相对寻址的转移指令中，给出了地址偏移量，把 PC 的当前值加上偏移量就构成了程序转移的目的地址。

6.2.4　MCS-51 单片机指令分类

MCS-51 单片机指令共有 111 条，分为 5 大类：
1）数据传送类指令（29 条）。
2）算术运算类指令（24 条）。
3）逻辑运算及移位类指令（24 条）。
4）控制转移类指令（17 条）。
5）位操作类指令（17 条）。

6.3　认知 MCS-51 单片机中断技术

- 了解 MCS-51 单片机中断技术。
- 了解 MCS-51 单片机中断技术术语。

6.3.1　单片机中断技术概述

中断是一项重要的计算机技术，这一技术在单片机中得到了充分的继承。中断现象不仅在计算机和单片机中存在，在人们的日常生活中也同样存在。

例如：星期天的上午，小明在家读书——电话铃响了——小明把书签夹在书中以记下页码，接听电话——与电话里的对方交谈——门铃响了——小明让电话里的对方稍等，去开门——小明与访客交谈——谈话结束，关门，重新接起电话——小明与电话里的对方继续通话——通话结束，小明挂断电话，找到书签标记页——继续读书。

以上就是一个很典型的中断现象。为什么会发生上述中断呢？是因为小明在一段时间中，面对着 3 个任务，这 3 个任务轻重缓急各有不同，并且任务请求是随机发生的，不可能按顺序一个接一个地处理，而小明一个时刻只能处理一个任务，因此，小明只好采用中断方式，搁置起正在处理的任务，先处理更重要更紧急的任务。

在这个日常生活中断实例中，有两个中断，电话中断被设置为低级中断，访客中断被设置为高级中断，高级中断中断了低级中断。这是一个中断嵌套的实例，"读书"是主程序；"电话铃"是低级中断源；"电话铃响"是低级中断请求；"把书签夹在书中以记下页码，接听电话"是低级中断响应和低级中断现场保护；"与电话里的对方交谈"是低级中断处理；"门铃"是高级中断源；"门铃响"是高级中断请求；"让电话里的对方稍等，去开门"是高级中断响应和高级中断现场保护；"与访客交谈"是高级中断处理；"谈话结束，关门，重新接起电话"是高级中断现场恢复和高级中断返回；"与电话里的对方继续通话"是低级中断处理；"通话结束，挂断电话，找到书签标记页"是低级中断现场恢复和低级中断返回。

在单片机中，中断技术主要用于实时控制。所谓实时控制，就是要求单片机能及时地响应系统所提出的分析、计算和控制等请求，使被控对象保持在最佳工作状态，以达到预定的控制效果。由于这些请求都是随机发出的，而且要求单片机必须做出快速响应并及时处理，所以只有靠中断技术才能实现。

6.3.2 单片机中断技术术语

1. 中断源

向 CPU 发出中断请求的来源称为中断源。MCS-51 系列是多中断源的单片机。80C51 单片机具有 3 类共 5 个中断源，分别是外部中断 2 个、定时中断 2 个和串行中断 1 个。

2. 中断控制

这里所说的中断控制指提供给用户使用的中断控制手段，实际上就是一些寄存器。在 MCS-51 单片机中，有以下 4 个专用寄存器用于此目的：定时器控制寄存器、中断允许控制寄存器、中断优先控制寄存器以及串行口控制寄存器。其中，中断优先级控制寄存器用于将各中断源设置为高或低优先级。中断优先级的控制原则是：低优先级中断不能打断高优先级的中断服务；高优先级中断请求可以打断低优先级的中断服务，从而实现中断嵌套。如果一个中断请求已经被响应，则同级的其他中断服务将被禁止，即同级中断不能嵌套。

3. 中断响应

中断响应就是对中断源提出的中断请求的接受。当查询到有效的中断请求时，如果符合中断响应条件，就进行中断响应，转去执行中断服务程序。

4. 堆栈、现场保护和现场恢复

堆栈是一种数据结构，就是只允许在其一端进行数据插入和数据删除操作的线性表。数据写入堆栈称为插入运算，也称为入栈；数据从堆栈中读出称为删除运算，也称为出栈。堆栈的最大特点就是"后进先出"的数据操作规则。MCS-51 单片机的堆栈设在内部 RAM 中。

现场指中断时刻单片机存储单元中的数据或状态。单片机在转去中断服务程序以后，很可能要使用单片机中的一些寄存单元，这样就会破坏这些寄存单元中的原有内容。为了使中断服务程序的执行不破坏这些数据或状态，以免在中断返回后影响主程序的运行，需要把它们送入堆栈保护起来，这就是现场保护。现场保护一定要位于中断处理程序的前面。

中断服务结束后，在返回主程序前，需要把保存的现场内容从堆栈中弹出，以

恢复那些存储单元的原有内容，这就是现场恢复。现场恢复一定要位于中断处理程序的后面。

5. 中断处理

中断处理是中断服务程序的核心内容，是中断的具体目的。

6. 中断返回

中断服务程序的最后一条指令必须是中断返回指令。CPU执行这条指令时，从堆栈中弹出断点地址送入程序计数器，以便从断点处重新执行被中断的主程序。

项目 7

汽车常用传感器原理

7.1 认识汽车上的传感器

> **学习目标**
> - 了解汽车传感器的组成。
> - 了解汽车传感器的常见分类。

7.1.1 传感器的组成

传感器通常由敏感元件、转换元件和转换电路三部分组成,如图7-1所示。其中敏感元件是指传感器中能直接感受或响应被测量的部分;转换元件指传感器中能将敏感元件感受或响应的被测量变换成适于传输或测量的电信号的部分;转换电路的作用是把转换元件输出的电信号变换为便于处理、显示、记录和控制的可用电信号。

图 7-1 传感器的组成框图

传感器的输出信号一般很微弱,因此需要信号调制与转化装置对其进行放大、运算调制等。

7.1.2 传感器的分类

1. 按照输出信号分类

汽车传感器按照输出信号不同,可分为模拟型传感器、数字型传感器、开关型传感器3种。

模拟型传感器将被测量的非电学信号转换成模拟电信号。数字型传感器将被测量的信号量转换成频率信号或短周期信号输出(包括直接或间接转换)。开关型传感器在一个被测量的信号达到某个特定的阈值时,相应地输出一个设定的低电平或高电平信号。

2. 按照转换原理不同进行分类

传感器按照转换原理不同,可分为压阻式、压电式、电感式、电容式、霍尔式等。这种分类方法有利于传感器的专业工作者从原理和设计上作归纳性的分析和研究。

3. **按照用途分类**（表 7-1）

表 7-1 汽车传感器按用途分类

种类	检测对象
温度传感器	冷却液、进气、排气、车内外空气、发动机机油等
流量传感器	吸入空气、燃油、排气再循环、冷媒流量、二次空气等
压力传感器	进气歧管绝对压力、大气压力、发动机油压、各种泵压、胎压等
位置传感器	曲轴位置、节气门位置、排气再循环阀开量、车高、行驶距离、行驶方位等
液位传感器	冷却液、燃油、机油、电解液、制动液、洗窗器液等
速度、加速度传感器	发动机转速、车速、轮速、加速度、负加速度等
气体传感器	O_2、CO、NO、HC 化合物、柴油机排气烟度等
其他	爆燃、湿度、电流、雨滴、制动片磨损、动力座椅、转向反射镜、加速踏板位置等

7.2 电阻式传感器在汽车上的应用举例

学习目标

- 掌握常见电阻式传感器的功能与工作原理。
- 掌握常见电阻式传感器的检测方法。

汽车上应用的电阻式传感器主要是电位器式和热敏电阻式，本学习任务主要针对这两种电阻式传感器进行介绍。

7.2.1 电位器式传感器

电位器式传感器结构简单、成本低廉，同时具有较高的精度，是一种常见的传感器。它是可以把线位移或角位移转换成一定函数关系的电阻或电压输出的传感元件，因此，可用作监测位移、压力、加速度、油量、高度等的传感器。它还具有性能稳定、输出信号强、受环境影响较小、可实现线性或任意函数的变换等特点。

1. **电位器式传感器的类型**

电位器式传感器由电阻丝元件、滑动臂及机架等部分构成，如图 7-2 所示。按照电阻丝的结构形式，它可分为直线位移型、角位移型、螺旋型和非线性型等几种。

2. **汽车上的电位器式传感器**

下面以节气门位置传感器为例说明电位器式传感器的应用。

（1）节气门位置传感器的工作原理 如图 7-2 所示，节气门转动过程中滑臂在电阻丝上转动，1、3 端子分别接通电源正、负极，滑臂在电阻丝的不同位置时 2 端子的分压也随之变化。发动机模块通过检测这个电压变化判断节气门位置，从而控制发动机精确运行。

（2）节气门的检测 驾驶人通过控制节气门开度改变发动机转速，因此节气门位置变化是 ECU 感知驾驶人操作意图的关键部件。图 7-3 所示为凯越轿车节气门位置传感器端子图。

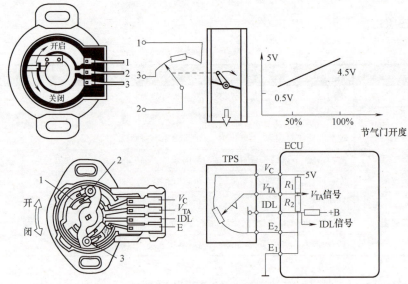

图 7-2 节气门工作原理图

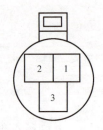

引脚	导线颜色	功能
1	PU/BK(紫色/黑色)	5V参考电压
2	D-GN/WH(深绿色/白色)	低参考电压
3	GY(灰色)	节气门位置传感器信号

图 7-3 凯越轿车节气门位置传感器端子图

具体的检测步骤如下：

1）关闭点火开关，断开节气阀体总成上的线束接头。

2）测量节气门位置 5V 参考电压端子和低参考电压端子之间的电阻，应为 1160~1175Ω。如果电阻不在规定范围内，则更换节气门位置传感器。

3）测量节气门位置传感器信号端子与低参考电压端子之间的电阻，在全范围内检测节气门传感器，电阻应在 1530~630Ω 之间变动，并无任何高峰或低谷。如果电阻不在规定范围内或不稳定，则更换节气门位置传感器。

4）用 5V 电压对节气门位置传感器的端子搭铁，检测信号端子与低参考电压端子间的电压。在全范围内检测节气门位置传感器，电压应在 4.3~0.6V 间变动，并无任何高峰或低谷。如果电阻不在规定范围内或不稳定，则更换节气门位置传感器。

7.2.2 负温度系数热敏电阻

负温度系数（NTC）热敏电阻是一种氧化物的复合烧结体，其电阻值随温度的增加而减小，封装方式分为环氧封装式和玻璃封装式，分别如图 7-4、图 7-5 所示。

与金属热电阻相比，负温度系数（NTC）热敏电阻有如下特点：

1) 电阻温度系数大，约为金属热电阻的 10 倍。
2) 结构简单、体积小，可测点温。
3) 电阻率高，热惯性小，适用于动态测试。
4) 易于维护和进行远距离控制。
5) 因电阻与温度间的非线性度较严重，有时需要做线性处理。

图 7-4 环氧封装系列 NTC 热敏电阻

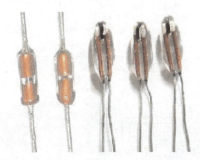

图 7-5 玻璃封装系列 NTC 热敏电阻

1. 汽车上的温度传感器

汽车上的温度传感器有发动机冷却液温度传感器、进气温度传感器、变速器油温传感器、驾驶室内外温度传感器等。下面以发动机冷却液温度传感器为例说明其工作特点。发动机冷却液温度（ECT）传感器使用负温度系数热敏电阻测量冷却液的温度，并输出信号到发动机 ECM。

如图 7-6 所示，当冷却液温度高时，ECT 传感器所用的热敏电阻的阻值会增大；而当冷却液温度低时，热敏电阻的阻值会减小。

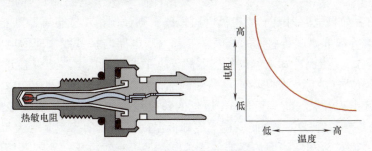

图 7-6 热敏电阻及其工作特性曲线

2. 温度传感器的检测

通过检测温度传感器阻值和温度变化的对应曲线判断该传感器是否合格。构建图 7-7a 所示的检测环境，在透明烧杯中倒入 80% 的水，下面放置酒精灯，烧杯中悬挂温度计和温度传感器。注意不要将温度计、传感器和烧杯接触，否则会影响测量精度。按照图 7-7b 中的温度节点依次测量不同温度下的电阻值，如果测得的温度特性曲线符合厂家要求即为合格。

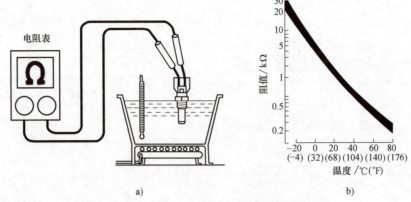

图 7-7 冷却液温度传感器的检测试验

3. 冷却液温度传感器的检测

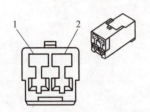

引脚	导线颜色	功能
1	YE(黄色)	低电平参考电压
2	GY/BK (灰色/黑色)	冷却液温度 传感器信号

图 7-8 凯越轿车冷却液温度传感器端子

冷却液温度传感器通过导线和发动机控制单元连接,由控制单元连接时需要提供 5V 电压。凯越轿车冷却液温度传感器端子如图 7-8 所示。

电路检测包括信号电路、负极电路、传感器元件以及和传感器连接的控制单元四部分,具体检测步骤如下:

1) 关闭点火开关,断开冷却液温度传感器。

2) 打开点火开关,核实冷却液温度传感器参数是否在 -40℃。若高于 -40℃,测试冷却液温度传感器的信号电路是否对地短路。如果两个电路测试都正常,则更换发动机 ECM。如果电路对蓄电池正极电压短路,则控制模块或传感器可能损坏。

3) 检测冷却液温度传感器的低电平参考电压电路与搭铁线之间的电阻是否小于 5Ω。若大于 5Ω,检测冷却液温度传感器的低电平参考电压电路是否有开路、电阻过高或对电压短路的故障。如果两个电路测试都正常,则更换发动机 ECM。

4) 打开点火开关,将一根带 3A 熔丝的跨接线连接到冷却液温度传感器的低电平参考电压电路和信号电路之间,核实冷却液温度传感器的参数是否大于 142℃。若小于 143℃,测试冷却液温度传感器的信号电路是否有对电压短路或开路、电阻过高的故障。如果两个电路测试都正常,则更换发动机 ECM。

5) 若所有电路、连接测试都正常,则检测或更换冷却液温度传感器。

7.2.3 空气流量传感器

空气流量传感器是将进入气缸的空气量转换成电信号输出给发动机控制单元的传感器。空气流量传感器检测空气量的方法有直接检测和间接检测两种。利用压力传感器检测进气管压力变化后间接计算出进气量的方法称为间接测量法,直接测量指传感器直接检测出进气的体积或者质量,例如翼片式空气流量传感器、卡门涡旋式空气流量传感器是检测进气体积,热线或者热膜式空气流量传感器是检测进气质量。

1. 翼片式空气流量传感器

翼片式空气流量传感器安装在节气门和控制滤清器之间。如图7-9所示,空气流过进气道推动翼片转动,滑片和翼片固定在一起并在电阻器上滑动。在传感器电路中,滑片的位置不同,VS端子的分压不同,以此来反映进气量的多少。其测量原理和节气门位置传感器检测原理类似。翼片转角越大,进气量越多。由于它会产生一定的进气阻力,反应不够灵敏,所以在现代轿车上已基本将其淘汰。

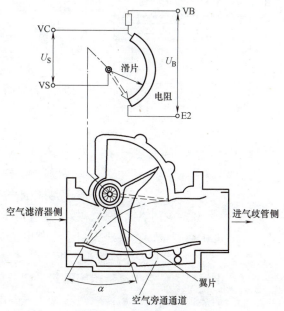

2. 卡门涡旋式空气流量传感器

如图7-10所示,经过整流栅的平顺空气遇到涡流发生器后产生涡流,这些涡流对超声波有阻碍作用。超声波发射器发出规律的超声波,经过漩涡后被超声波接收器接收,再经过转换电路变为矩形波输送给控制单元。

图7-9 翼片式空气流量传感器工作原理图

控制单元根据这个矩形波的频率计算出进入气缸的空气体积,因此需要进气温度信号进行修正。

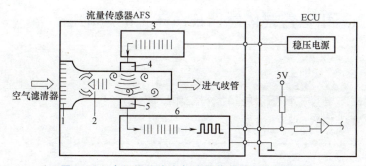

图7-10 卡门涡旋式空气流量传感器工作原理图

1—整流栅 2—涡流发生器 3—超声波发生器 4—超声波发射器 5—超声波接收器 6—超声波转换电路

3. 热膜式空气流量传感器

如图7-11所示,电路由惠斯顿电桥和集成电路组成。电桥的电阻 R_H 称为热线;另一个电阻 R_K 称为冷线;R_A、R_B 构成电桥的精密电阻。当发动机工作时,热线 R_H 有电流通过,因而温度较高,和冷线 R_K 之间的温差应保持不变(一般为120°)。当空气流经热线 R_H 时,带走热量而使热线 R_K 温度下降,空气流量越大,带走热量越多,热线 R_H 温度下降越多。热线 R_H 是电桥的一个臂,它是一个具有正温度系数的电阻,当温度下降时电阻值变小,此时电阻值的变小造成电桥不平衡,此不平衡对集成电路进行了控制。集成电路是给电桥提供电流的,它控制电流使热线 R_H 保持恒温,以达到 R_H 电阻恒定而使电桥不断平衡。要想维持此平衡电路的变化,电流应随空气

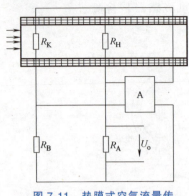

图 7-11 热膜式空气流量传感器原理图

流量的大小改变，R_A 两端的电压也随之变化。这个电压大小的变化和电流大小变化成正比，和空气流量变化成正比。该电阻上的电压作为空气流量传感器的输出信号。

在空气流量传感器不变的情况下，进气温度不一样时，从热线带走的热量也不一样，为了解决这一问题，在电桥中用了 R_K 这个电阻，它也是铂做成的，它的阻值变化是随着空气温度变化而变化的，起补偿作用，使空气温度不一样造成的测量误差得到补偿，以保证空气流量传感器的准确性。

4. 热膜式空气流量传感器的检测

热膜式空气流量传感器的检测分为电路检测和传感器检测两部分。检测方法以电压检测为主，下面以桑塔纳 2000 为例说明检测过程。

1）关闭点火开关，拔下空气流量传感器的插头。起动发动机，使用万用表直流电压档测量传感器插头端子与蓄电池负极间电压是否为 12V。

2）插上传感器插头，拆下空气滤清器。将点火开关置于 ON 位置，使用万用表电压档测量空气流量传感器插头端子（+）及端子（-）之间的电压，使用吹风机不加热档给空气流量传感器吹风，观察电压值是否在 2.0~4.0V 之间变化，否则更换空气流量传感器。

3）检查线束的导通性。关闭点火开关，拔下传感器插头，拔下控制单元（J220）的插头。使用万用表电阻档测量传感器端子与控制单元端子之间的电阻值是否小于 1Ω，如果大于 1Ω 为相应线束故障。

7.3 电感式传感器和电容式传感器在汽车上的应用

- 掌握常见电感式与电容式传感器的功能与工作原理。
- 掌握常见电感式传感器的检测方法。

7.3.1 电感式传感器

电感式传感器是将被测量变化转换成电感变化的传感器。根据测量原理可将其分为自感式、互感式、电涡流式、压磁式 4 种。

电感式传感器具有以下特点：

1）结构简单，传感器无活动触点，因此工作可靠、使用寿命长。

2）灵敏度和分辨力高，能测出 0.01μm 的位移变化，传感器的输出信号强。

3）线性度和重复性都较好，在一定位移范围（几十微米至数毫米）内，传感器非线性误差可达到 0.05%~0.1%，并且稳定性也较好。同时，这种传感器能实现信息的远距离传输、记录、显示和控制，在工业自动化控制系统中被广泛采用。

其主要缺点是灵敏度、线性度和测量范围互相制约，传感器自身的频率响应较低，不适于快速动态测量控制。

1. 自感式传感器的工作原理

如图 7-12 所示，自感式传感器由线圈、铁心和衔铁三部分组成。铁心和衔铁由导磁材料制成。线圈套在铁心上，在铁心和衔铁之间有一个空气隙，空气隙的厚度为 δ。传感器的运动部分与衔铁相连，当外力作用在传感器的运动部分时，衔铁产生位移，使空气隙 δ 发生变化，磁路磁阻 R_m 发生变化，从而引起线圈电感 L 变化，线圈电感 L 的变化与空气隙 δ 的变化相对应。这样，测出线圈的电感量的变化就能判定空气隙的大小，即能确定衔铁的位移大小和方向。

2. 汽车上的曲轴位置传感器

曲轴位置传感器是发动机的核心传感器，用于检测曲轴位置及发动机转速。凯越轿车应用的曲轴位置传感器属于自感型，由信号盘和磁电式传感器组成。信号盘和曲轴一同转动，上面加工出 58 个凹槽，其中 57 个槽按 6° 等间隔分布。最后一个槽较宽，用于生成同步脉冲。当曲轴转动时，变磁阻转子中的槽将改变传感器的磁场，产生一个感应电压脉冲。第 58 个槽的脉冲较长，可识别曲轴的某个特定方向，使发动机控制模块（ECM）随时确定曲轴的方向。发动机控制模块使用此信息生成正时点火和喷射脉冲，然后发送给点火线圈和喷油器。

3. 曲轴位置传感器的检测

首先检查传感器外观，如果发现曲轴位置传感器引线损坏，必须更换曲轴位置传感器。然后分别进行电路检查和传感器总成检测。图 7-13 所示为凯越轿车曲轴位置传感器端子图。

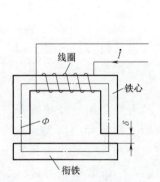

图 7-12　自感式传感器原理图

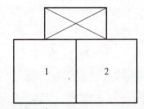

引脚	导线颜色	功能
1	BLU（蓝色）	曲轴位置传感器低位信号
2	BRN（棕色）	曲轴位置传感器高位信号

图 7-13　凯越轿车曲轴位置传感器端子图

（1）电路检查

1) 关闭点火开关，断开曲轴位置传感器上的线束接头。

2) 打开点火开关，检查曲轴位置传感器信号电路和低参考电压电路是否有 1.5~2V 的电压可供使用。如果小于 1.5V，则检查相应电路是否有对地短路或开路、电阻过高的故障；如果大于 2V，则检测相应电路是否对电压短路。如果电路、连接测试都正常，则更换发动机 ECM。

3) 若所有电路、连接测试都正常，则检测或更换曲轴位置传感器。

（2）部件测试

1) 关闭点火开关，断开曲轴位置传感器上的线束接头。

2)将数字式万用表连接在曲轴位置传感器信号电路和低参考电压电路之间。

3)测试信号电路和低参考电压电路之间的电阻是否为 460~620Ω。如果电阻不在规定范围内,则更换曲轴位置传感器。

4)断开燃油泵继电器。

5)将数字式万用表设置到交流电压量程。

6)起动发动机,测试曲轴位置传感器的信号电路和低参考电压电路之间电压是否为交流 1.4V 以上。如果低于 1.4V,更换曲轴位置传感器。

7.3.2 电容式传感器

电容式传感器是将被测量的变化转换成电容量变化的传感器,它实质上是一个具有可变参数的电容器。

电容式传感器具有以下优点:

1)高阻抗,小功率,仅需很低的输入能量。

2)可获得较大的变化量,从而具有较高的信噪比和系统稳定性。

3)动态响应快,工作频率可达几兆赫,可非接触测量,被测物是导体或半导体均可。

4)结构简单,适应性强,可在高低温、强辐射等恶劣的环境下工作,应用较广。

随着电子技术及计算机技术的发展,电容式传感器所存在的易受干扰和易受分布电容影响等缺点不断得以克服,而且人们还开发出了容栅位移传感器和集成电容式传感器。汽车上应用电容式传感器测量压力信号,例如发动机的进气压力传感器以及大气压力传感器等。

1. 汽车进气压力传感器

进气压力传感器检测发动机进气管压力的变化换算为进入气缸的空气量。根据检测原理可将其分为压电效应式、电磁式、电容膜盒式及表面弹性波式。下面介绍电容膜盒式进气压力传感器。

电容膜盒式进气压力传感器由两片用绝缘垫圈隔开的氧化铝片组成,如图7-14所示。在铝片的内表面贴有两片极薄的硅片,分别与一根引线相连。氧化铝片和绝缘垫圈构成中部有个真空腔的膜盒,该盒装在与进气管相通的容器内。当进气歧管压力发生变化时,氧化铝片弯曲变形,使硅片间的距离随之改变,从而引起电容量的变化,电容量变化信号经过处理变为频率信号后发送给电控单元,电控单元据此可计算出进气歧管的压力。

2. 进气压力传感器的检测

图7-15所示为福特进气压力传感器与ECU连接电路,进气歧管压力传感器有3条线与ECU连接。ECU的端子26向进气歧管压力传感器提供5V电压;端子46是信号端子,经ECU搭铁;端子45为进气歧管压力传感器输出信号端子。检查进气压力传感器前要先检查真空软管的连接状态,以确保无老化、破裂现象。

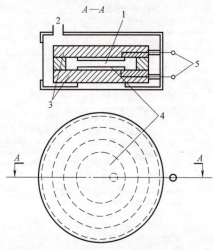

图7-14 电容膜盒式进气压力传感器

1—真空腔 2—进气歧管 3—氧化铝片
4—硅片 5—引线

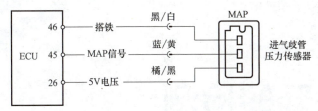

图 7-15 福特进气压力传感器与 ECU 连接电路

1)打开点火开关,检查 ECU 的端子 26(橘/黑)与搭铁间电压是否为 5V。

2)检测端子 46 信号电路(黑/白)电压,应为 0V,与蓄电池负极间电阻小于 5Ω。

3)检测进气歧管压力信号电路(蓝/黄),拆下传感器插接器接头,测量端子 45 处电压,在点火开关接通时应为 0.5V。也可用汽车示波器对进气歧管压力传感器进行频率测试:打开点火开关,发动机不运转,进气歧管压力传感器输出信号频率约为 160Hz;减速时频率为 80Hz;怠速时频率为 105Hz。

当进气歧管压力信号消失或者超出工作范围(频率小于 80Hz 或大于 162Hz)时,ECU 会根据节气门位置传感器的工作情况发出一个替代值信号,保证发动机正常运转,但 ECU 同时记录进气压力传感器故障码。

项目 8

汽车传感器的检测

8.1 常见汽车电阻式传感器的检测

> **学习目标**
> - 了解电路及电路模型的基本概念。
> - 掌握电学基本物理量。
> - 能够认知不同类型的电阻式传感器,如节气门位置传感器、冷却液温度传感器。
> - 能够使用万用表检测电阻式传感器。

8.1.1 实训准备

设备：电控发动机试验台或者整车一辆。

工具：举升机、常用拆装工具、数字式万用表、烧杯、温度计、酒精灯或其他加热设备。

资料：实训指导书和相关车型的维修手册。

8.1.2 任务实施

1. 电阻式传感器认知

打开发动机舱盖,根据维修手册的提示找到表 8-1 所列传感器并进行外观检查。

表 8-1

序号	传感器名称	外观检查是否合格(如果有问题填写问题说明)
1	冷却液温度传感器	
2	进气温度传感器	
3	节气门位置传感器	
4	空气流量传感器	
5	氧传感器加热器	

2. 节气门位置传感器的检测

1) 在驾驶室内找到发动机舱的拉锁,并拉开。

2) 在发动机舱盖前端扳动锁扣,打开发动机舱盖。

项目8 | 汽车传感器的检测 | 99

3）用撑杆将发动机舱盖支起。

按表8-2中的步骤完成检查并填写数据。

表8-2 节气门位置传感器的检测步骤

序号	检查示意图	检查要点
1		关闭点火开关，断开节气阀体总成上的线束接头
2		测量节气门位置传感器5V参考电压端子和低参考电压端子之间的阻值，应为1.160~1.175Ω 如果电阻不在规定范围内，则更换节气门位置传感器 实际测量值：
3		测量节气门位置传感器信号端子与低参考电压端子之间的电阻。在全范围内检测节气门传感器。电阻为630~1530Ω，并无任何高峰或低谷 如果电阻不在规定范围内或不稳定，则更换节气门位置传感器 实际测量值：

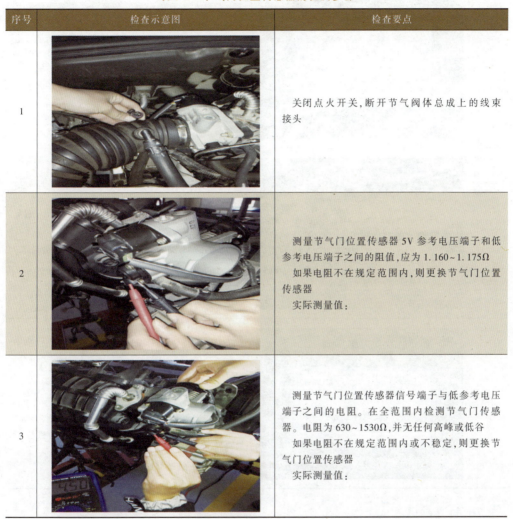

3. 冷却液温度传感器的检测

1）电路测试。按表8-3中的检测步骤进行测试，并填写数据。

表8-3 冷却液温度传感器的检测步骤

序号	检查示意图	检查要点
1		关闭点火开关，断开冷却液温度传感器

(续)

序号	检查示意图	检查要点
2		打开点火开关,核实冷却液温度传感器参数是否为-40℃ 若高于-40℃,测试冷却液温度传感器的信号电路是否对地短路。如果两个电路测试都正常,则更换发动机控制模块 重要注意事项:如果电路对蓄电池正极电压短路,则控制模块或传感器可能损坏 实际测量值:
3		检测冷却液温度传感器的低电平参考电路与搭铁线之间的电阻是否小于5Ω 若大于5Ω,检测冷却液温度传感器的低电平参考电路是否有开路、电阻过高或对电压短路的故障。如果两个电路测试都正常,则更换发动机控制模块 实际测量值:
4		打开点火开关,将一根带3A熔丝的跨接线连接到冷却液温度传感器的低电平参考电压电路和信号电路之间,核实冷却液温度传感器的参数是否大于142℃ 若小于143℃,测试冷却液温度传感器的信号电路是否有对电压短路或开路、电阻过高的故障。如果两个电路测试都正常,则更换发动机控制模块 实际测量值:

2)部件测试。

① 关闭点火开关,断开冷却液温度传感器上的线束接头。

重要注意事项:对拆离车辆的传感器可用温度计测量。

② 拆卸冷却液温度传感器,并按照图7-7所示连接检测设备。注意烧杯中加入常温水,从低温到高温分段测量传感器电阻值并绘制变化曲线,如图8-1所示;测量过程中温度计不能接触烧杯,以免影响测量温度的精度。将测量值和维修手册规定值(表8-4)进行比对,若电阻在规定的5%范围内,判断

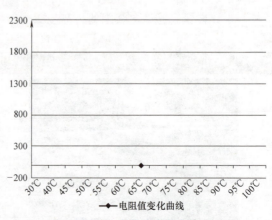

图8-1 电阻值变化曲线

为正常。

表 8-4 冷却液温度传感器电阻值与温度对照表

温度/℃	电阻值/Ω	温度/℃	电阻值/Ω
100	177	20	3520
90	241	15	4450
80	332	10	5670
70	467	5	7280
60	667	0	9420
50	973	-5	12300
45	1188	-10	16180
40	1459	-15	21450
35	1802	-20	28680
30	2238	-30	52700
25	2796	-40	100700

8.2 常见汽车电感式传感器的检测

> 学习目标
> - 能够认知不同形式的电感式传感器,如发动机转速传感器、轮速传感器。
> - 能够使用万用表、示波器检测轮速传感器。

8.2.1 实训准备

设备:具备 ABS 的轿车一辆。
工具:举升机、常用拆装工具、数字式万用表、示波器。
资料:实训指导书和相关车型的维修手册。

8.2.2 任务实施(以别克凯越轿车为例)

1. 使用万用表检测轮速传感器(表 8-5)

表 8-5 使用万用表检测轮速传感器的步骤

序号	检查示意图	检查要点
1	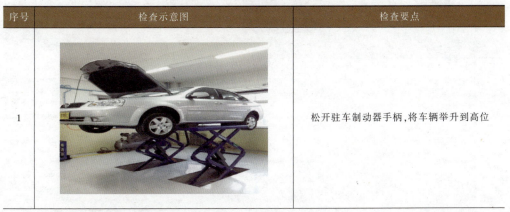	松开驻车制动器手柄,将车辆举升到高位

(续)

序号	检查示意图	检查要点
2		检查轮速传感器线束和传感器信号盘是否破损、脏污
3		断开左后轮速传感器插头
4		使用数字式万用表测量传感器电阻值,应为 1280~1920Ω。如果不合格,则更换传感器 实际测量值:
5		将万用表调整到毫伏级的交流电压档。以约 2s 1 圈的速度转动车轮,轮速传感器端子间的电压应为 120mV 实际测量值:
6		使用电阻档测量传感器插头 GY(灰色)线束与蓄电池负极电阻以及 D-BU(深蓝)与 ABS 控制模块 8 端子线束之间的电阻值,均应小于 1Ω 实际测量值:

2. 使用示波器检测轮速传感器（表 8-6）

表 8-6 使用示波器检测轮速传感器的步骤

序号	检查示意图	检查要点
1		松开驻车制动器手柄，将车辆举升到高位
2	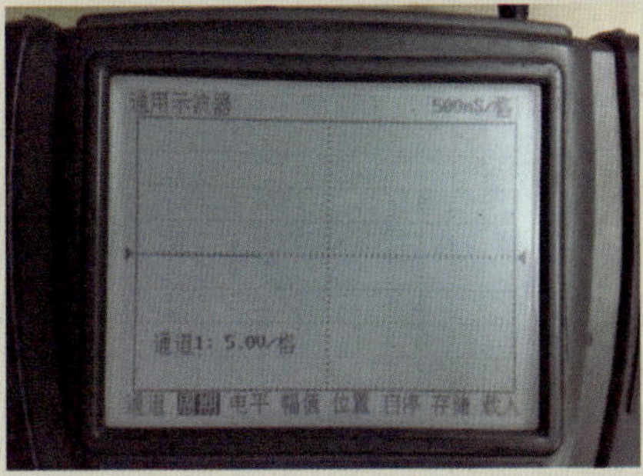	连接金德 W18 示波器，并调整到通用示波器模式
3	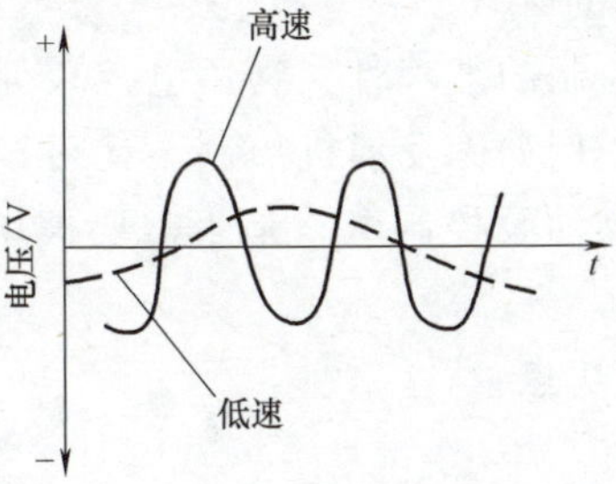	用示波器的正、负表笔测量传感器两个端子。以约 0.5r/s 的转速转动车轮，轮速传感器端子间的电压变化应如左图所示。车轮转速越快，电压曲线应越密集

项目 9 汽车网络

9.1 概述

学习目标

- 能说明汽车网络系统的作用和基本术语。

9.1.1 汽车网络的作用

为了简化电路，提高各电控单元之间的通信速度，汽车制造商开发设计了新的总线系统，即汽车网络系统，把众多的电控单元（ECU）连成网络，其数据通过数据总线的形式传输，可以达到信息共享的目的。

汽车网络系统的出现提高了汽车综合控制的准确性，利用电控单元共享的输入信息，能将原本复杂的控制过程进行简化。例如，发动机控制单元可以直接利用来自安全气囊控制单元的碰撞信号确定电动燃油泵控制电路是否需要被切断，从而取代了原本复杂的控制机构和控制过程。

总体来说，使用汽车网络系统具有以下优点：
1) 布线简化，成本降低。
2) 电控单元之间的交流更加简单、快捷。
3) 传感器数目减少，实现信息资源共享。
4) 汽车总体运行可靠性提高。

9.1.2 汽车对通信网络的要求

现代汽车的电控单元很多，可达到几十个甚至上百个，它们在工作过程中不断接收外界传感器的信号，然后发出指令去控制执行器的动作。在汽车工作过程中，控制单元采集的许多动态信号必须与车速同步（如发动机转速信号、车轮速度信号、节气门位置信号、冷却液温度信号、档位信号等）。为了满足各系统对数据的实时性的要求，减少数据线、实现数据共享很有必要。但每个控制单元对实时性的要求，因数据的更新速率和控制周期不同而不同，这就要求数据交换网是建立在优先权竞争的基础上，且具备极高的通信速率。几种典型数据所允许的响应时间见表 9-1，CAN 总线技术正是为满足这些要求而设计的。

表 9-1　几种典型数据所允许的响应时间

参数	允许响应时间	参数	允许响应时间
发动机喷油量	10ms	进气温度	20s
发动机转速	300ms	冷却液温度	1min
车轮转速	1~100s	燃油温度	10min

9.1.3　常用的基本术语

1. 数据总线

数据总线是模块间运行数据的通道，即所谓的信息高速公路。数据总线可以实现一条数据线上传递的信号被多个系统（控制单元）共享，从而最大限度地提高系统整体效率，充分利用有限的资源。可以发送和接收数据的数据总线称为双向数据总线。数据总线实际是一条导线，或许是两条导线，两线式的其中一条导线不是用作额外的通道，它的作用类似公路的路肩，上面立有交通标志和信号灯，一旦数据通道出了故障，这"路肩"在有些数据中被用来承载"交通"，或者令数据换向通过一条或两条数据总线中未发生故障的部分。为了抗电子干扰，双线制数据总线的两条线是绞在一起的。

按照 ISO 有关标准，CAN 的拓扑结构为总线式，因此也称为 CAN 数据总线（CAN-BUS）。

2. CAN

CAN（Controller Area Network，控制器局域网）是国际上应用最广泛的现场总线之一。CAN 可以实现车载各电控单元（ECU）之间的信息交换，形成汽车电子控制网络。比如，发动机控制单元、变速器控制器、仪表装备、电子主干系统中均可嵌入 CAN 控制装置。

在一个由 CAN 总线构成的单一网络中，理论上允许挂接无数个节点。而实际应用中，节点数目受网络硬件的电气特性限制。例如，当使用 Philips 公司的 P82C250 作为 CAN 收发器时，同一网络中允许挂接 110 个节点。CAN 可提供高达 1Mbit/s 的数据传输速率，这使实时控制变得非常容易。另外，硬件的错误判断特性也增强了 CAN 的抗电磁干扰能力。

3. 局域网

在一个有限区域内连接计算机的网络称为局域网。一般这个"局域"具有特定的职能，通过该网络实现这个系统内的资源共享和信息通信。连接到网络上的节点可以是计算机、基于微处理器的应用系统或是智能装置。局域网一般的数据传输速率为 10^2~10^5kbit/s，传输距离为 100~250m，误码率低。汽车上的网络是局域网与现场总线（Field Bus）之间的一种结构，其传输速度一般为 10~10^3kbit/s，传输距离为十几米。

4. 现场总线

现场总线是在工业过程控制和生产自动化领域发展起来的一种网络体系，是在过程控制现场，安装在控制室先进自动化装置中的一种串行数字通信链路。该系统是用于过程自动化和制造自动化的现场设备或现场仪表互联的通信网络，是现场与控制系统的集成。

5. 多路传输

多路传输（Smart Wiring System，SWS）指在同一条通道上同时传输多条信息，如图 9-1 所示。事实上，数据信息是依次传输的，但速度非常快，似乎是同时传输的。汽车上使用的是单线或是双线分时多路传输系统。

常规电路要比多路传输电路简单得多，然而多路传输系统之间所用导线比常规线路系统所用导线少得多。运用多路传输技术，可以使汽车省去许多连接和插接器，可以减轻重量、节省空间、提高可靠性。

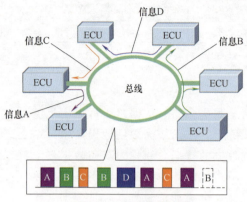

图 9-1　多路传输线路

6. 模块/节点

模块是一种电子装置，简单的如温度和压力传感器，复杂的如计算机（微处理器）。传感器是一个模块装置，根据温度和压力的不同产生不同的电压信号，这些电压信号在计算机的输入接口被转换成数字信号。在计算机多路传输系统中一些简单的模块被称为节点。

7. 网络

为了实现信息共享通常把多条数据总线连在一起，或者把数据总线和模块当作一个系统。从物理意义上讲，汽车上许多模块和数据线距离很近，因此被称为 LAN（局域网）。摩托罗拉公司设计的一种智能车身辅助装置网络被称为 LIN（局域互联网）。

8. 网关

因为汽车上往往不只使用一种总线网络，所以必须用一种方法达到信息共享，而不产生协议间的冲突。例如，车门打开时，发动机控制模块也许需要被唤醒，为了使采用不同协议及速率的数据总线间实现无差错数据传输，必须要用一种特殊功能的计算机，这种计算机称为网关。

网关实际上就是一种模块，它工作的好坏决定了不同的总线、模块和网络相互间通信的好坏。一个网关必须具备从一个网络协议到另一个协议转换信息的能力。网关是汽车内部通信的核心，通过它可以实现各条总线上信息的共享以及实现汽车内部的网络管理和故障诊断功能。如图 9-2 所示为奥迪 A5 网关 J533。

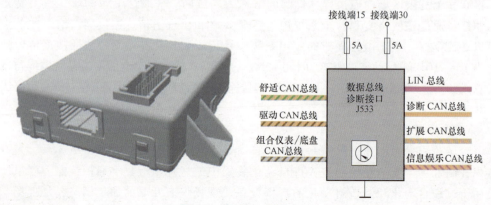

图 9-2　奥迪 A5 网关 J533

9. 帧

为了可靠地传输数据,通常将原始数据分割成一定长度的数据单元,这就是数据传输的单元,称为帧。一帧内应包括同步信号(如帧的开始与终止)、错误控制(各类检错码或纠错码,大多数采用检错重发的控制方式)、流量控制(协调发送方与协调方的速率)、控制信息、数据信息、寻址(在信道共享的情况下,保证每一帧都能正确地到达目的站,收方也能知道信息来自何站)等。

10. 通信协议

通信协议是通信双方控制信息交换规则的标准、约定的集合,即数据在总线上的传输规则。简单地说,两个实体要想成功地通信,它们必须"说同样的语言",并按既定控制法则来保证相互的配合。

通信协议的标准蕴含唤醒访问和握手。唤醒访问就是一个给电控单元的信号(这个电控单元为了节电而处于休眠状态),信号使之进入工作状态。握手就是电控单元间的相互确认、兼容,并处在工作状态。

目前,在汽车网络系统中采用的通信协议有多种形式。表9-2给出了8种典型的通信协议。

表9-2 8种典型的通信协议

序号	通信协议名称	推荐或实施单位
1	CAN	奔驰、英特尔、博世、SAE、ISO/TC22/SC3/WG1
2	BASIC CAN	飞利浦、博世
3	ABWS	大众
4	VAN	雷诺、标致、雪铁龙、ISO/TC222/SC3/WG1
5	HBCC	福特、SAEJ850
6	PALMENT	马自达、SAE
7	DLCS	通用
8	CCD	克莱斯勒、SAE

除以上8种通信协议之外,还有其他一些常用的协议,例如:宝马(BMW)公司1994年提出的DAN集中式网络协议;阿尔法·罗密欧公司的DAN集中式网络协议;卢卡斯(Lucas)公司的光学分布式星形耦合器系统协议;日立公司的集中式光学单纤维双向通信协议;飞利浦公司的DDR分布式网络协议等。

到目前为止,世界上尚无一个可以兼容各大汽车公司通信协议的通用标准,因此,在汽车上就形成了多种类型的多路通信系统共存的局面。

9.2 汽车网络的类型和应用

- 能说明汽车网络系统的类型。
- 了解汽车网络的应用。

9.2.1 汽车网络的类型

局域网的常用拓扑结构有3种：星形、环形、总线型。所谓拓扑结构就是网络的物理连接方式。

1. 星形拓扑结构网络

星形网络即以一台中心处理器为主组成的网络，各种类型的入网机均与该中心处理器由物理链路直接相连，因此，所有的网上传输信息均需通过该机转发，其结构如图9-3所示。星形网络由于其特有的物理结构，具有以下特点：通信功能简单，它可以根据需要由中心处理器分时或按优先权排队处理；中心处理器负载过重，扩充困难；构造较容易，适于同种机型相连；每台入网计算机均需与中心处理器由线路直接互联，因此线路利用率不高，信道容量浪费较大。

2. 总线型拓扑结构网络

总线型网络即所有入网计算机通过分接头接入一条载波传输线上，如图9-4所示。总线型网络拓扑结构的特点：通道利用率高，但网络延伸距离有限，网络容纳节点数有限（受信道访问机制影响）。它适用于传输距离较短、地域有限的组网环境，目前车载局域网多采用此种方式。

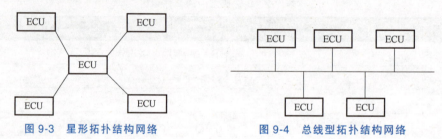

图9-3 星形拓扑结构网络　　　　图9-4 总线型拓扑结构网络

3. 环形拓扑结构网络

环形网络的主要特点是：由于一次通信信息在网络中传输的最大时间是固定的，因此实时性较高，每个网上节点只与其他两个节点由物理链路直接互联，因此传输控制机制较为简单；一个节点出故障可能会终止全网运行，因此可靠性较差；网络扩充需对全网进行拓扑和对访问控制机制进行调整，因此较为复杂。

环形网络通过一个转发器将每台入网计算机接入网络，每个转发器与相邻两台转发器用物理链路相连，所有转发器组成一个拓扑为环的网络系统，如图9-5所示。

环形网由于具有点-点通信的唯一性，因此不宜在广域范围内组建计算机网络。它也是一种较为实用的局域网拓扑结构，尤其是在实时性要求较高的环境中更是如此。

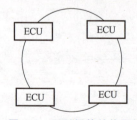

图9-5 环形拓扑结构网络

9.2.2 汽车网络的应用

现在的汽车网络都不是单一类型的网络，汽车网络结构采用多条不同速率的总线分别连接不同类型的节点，并使用网关服务器来实现整车的信息共享和网络管理，如图9-6所示。

车身系统（包括组合仪表、信号及照明灯组、四门集控锁、车窗及后视镜等）的控制单元多为低速电动机和开关量器件，对实时性要求低而数量众多。使用低速

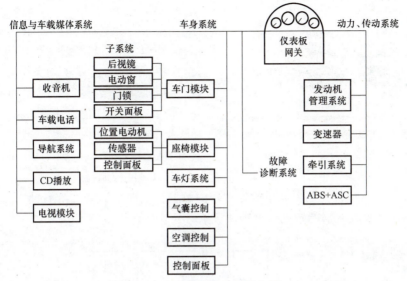

图 9-6 汽车网络系统的应用

的总线连接这些电控单元,将这部分电控单元与汽车动力、传动等系统分开,有利于保证动力、传动系统通信的实时性。此外,采用低速总线还可增加传输距离、提高抗干扰能力并降低硬件成本。

动力、传动等系统(包括发动机控制系统、防抱死制动系统等)的受控制对象直接关系汽车的行驶状态,对通信实时性有较高的要求,因此应使用高速的总线连接这些系统。传感器组的各种状态信息以广播的形式在高速总线上发布,各节点可以在同一时刻根据各自的需要获取信息。这种方式最大限度地提高了通信的实时性。

故障诊断系统是将车用诊断系统通过通信网络实现功能的。

信息与车载媒体系统(包括数字音像系统、车载 PC、汽车导航系统及宽带无线接入网络等)对于通信速率的要求更高,一般在 2Mbit/s 以上,因此应采用新型的多媒体总线连接车载媒体。这些新型的多媒体总线往往是基于光纤通信的,从而可以充分保证带宽。

网关是汽车内部通信的核心,通过它可以实现各条总线上信息的共享以及实现汽车内部的网络管理和故障诊断功能。

随着新技术的不断发展,在未来的汽车网络中,还将会有专门用于气囊的安全总线(Safety Bus)系统以及 X-by-wire 系统。

9.3 CAN 总线网络系统

学习目标

- 了解 CAN 总线的构成。
- 掌握 CAN 总线数据传输的原理。
- 了解 CAN 总线技术的优点。

9.3.1 CAN 总线系统的构成

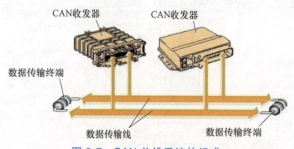

图 9-7 CAN 总线系统的组成

CAN 总线系统中每个控制单元的内部都有一个 CAN 控制器、一个 CAN 收发器。每个控制器外部连接了两条 CAN 数据总线。在系统中作为终端的两块 ECU，其内部还装有一个数据传递终端（有时数据传递终端安装在 ECU 外部），如图 9-7 所示。具有 CAN 接口的 ECU 如图 9-8 所示。

1. CAN 控制器

CAN 控制器接收控制单元中微处理器的数据，处理数据并传给 CAN 收发器。同时，控制器接收收发器的数据，处理并传给微处理器。

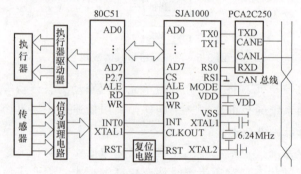

图 9-8 具有 CAN 接口的 ECU

80C51—单片机　SJA1000—CAN 控制器　PCA2C250—CAN 收发器

2. CAN 收发器

CAN 收发器是一个发送器和接收器的组合，它将 CAN 控制器提供的数据转化为电信号并通过数据线发送出去。同时，它接收总线数据，并将数据传到 CAN 控制器。

3. 数据传递终端

数据传递终端实际是一个电阻，主要作用是防止数据在传输终端被反射回来并产生反射波而使数据被破坏。

4. CAN 数据总线

CAN 数据总线是用来传输数据的双向数据线，分为 CAN 高位（CAN-HIGH）和 CAN 低位（CAN-LOW）数据线。数据没有指定接收器，数据通过总线发给各控制单元，各控制单元接收后进行计算。为了防止外界电磁干扰和向外辐射，CAN 总线采用两条线缠绕在一起，两条线上的电位是相反的，如果一条线的电压是 5V，另一条线就是 0V，这样使两条线上的电压和总等于常值，使得 CAN 总线避免了外界电磁波干扰，同时 CAN 总线本身对外无辐射。常用的数据传输线一般为双绞线、铜线或光缆等。

9.3.2 CAN 总线数据传递原理

控制单元首先向 CAN 控制器提供需要发送的数据，CAN 收发器接收由 CAN 控制器传来的数据，并转化为电信号发送到数据总线上。在 CAN 系统中，所有控制单元内部都含有接收数据总线上的数据，并将编码数据分解成可以使用的数据的接收器，各控制单元判断接收的数据是否是本控制单元所需要的数据。如果需要，它将被接受并进行处理，否则给予忽略，如图9-9所示。

举个简单的例子：发动机控制单元向自动变速器控制单元发送冷却液温度信号，自动变速器CAN收发器接收到由发动机控制单元传来的冷却液温度信号后，转换信号并发给自动变速器控制单元内部的控制器，在此项数据传输过程中其他控制单元也会收到冷却液温度信号，但是不一定要接受它，原因是该信号对自身不一定有用。

表9-3列出了汽车各电控单元产生及发送的数据类型，以及其他各单元对这些信息共享的程序。

由表9-3可以看出，油量位置和发动机转速信号具有较高的优先级，是因为它们的实时性要求强，并直接影响发动机的动力性、经济性和排放性能。

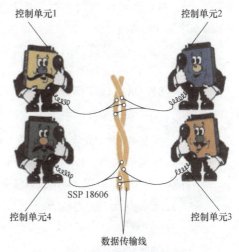

图9-9 数据传递过程

表9-3 汽车各电控单元产生及发送的数据类型

优先权	信号类型	电控燃油喷射系统	电控传动系统	ABS	ASR系统	废气再循环系统	空调系统
1	实际喷油量	发送	接收	—	—	—	—
2	发动机转速	发送	接收	接收	接收	—	接收
3	油量位置	接收	—	—	发送	—	—
4	车轮转速	接收	接收	发送	接收	—	—
5	加速踏板位置	接收	接收	—	—	—	—
6	变速比	接收	发送	—	接收	接收	—
7	怠速设置	接收	—	—	—	发送	发送
8	冷却液温度	发送	接收	—	—	—	接收
9	空气温度	发送	—	—	—	—	接收

9.3.3 CAN总线技术的优点

CAN总线技术具有以下优点：

1）数据共享减少了数据的重复处理，节省了成本。由于采用总线技术，模块之间的信号传递只需要两条信号线，使布线局部化。车上除掉总线外，其他所有横贯车身的线都不再需要了，节省了布线成本。

2）具有诊断错误的能力和自动恢复功能，节省了生产维护成本。例如通过适当的CAN分析模块可以对总线系统进行诊断，如传感器的故障诊断、车灯的故障诊断、各个模块的诊断以及线路连接间的诊断等。非总线车辆一旦出现故障，要依赖人工对复杂线束逐个测量，而且需要对相关电器依次测定，整个过程费时费力。

3）各电控单元对所连接的CAN总线进行实地监测，当出现故障时电控单元会存储故障码。

4）使用小型控制单元及小型控制单元插孔，可节省空间。

5）总线的利用率高。数据传输距离较长，可长达 10km，数据的传输率高，可达到 1Mbit/s。

6）CAN 总线具有时间干扰小、抗干扰能力强的优点。

7）价格占有绝对优势。随着 CAN 的批量推广，其成本会进一步降低。

8）CAN 总线符合国际标准，因此可应用于不同型号控制单元间的数据传输。

9.3.4 丰田卡罗拉（COROLLA）轿车 CAN 总线系统电路图

图 9-10 所示为丰田卡罗拉 GL 型轿车 CAN 总线系统电路图。系统相关电控单元为：A/C 空调放大器、P/S 助力转向系统、ABS/VSC 控制电脑、发动机电控单元（ECM）、MAIN BODY ECM 汽车主车身电控单元、SRS 辅助气囊电控单元、仪表系统电控单元

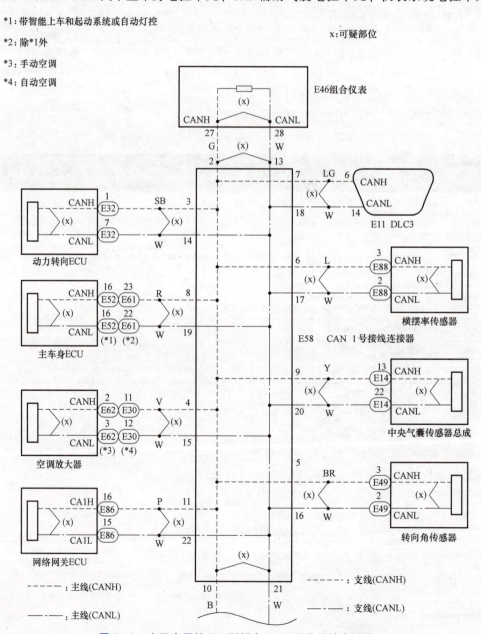

图 9-10 丰田卡罗拉 GL 型轿车 CAN 总线系统电路图

项目9 | 汽车网络

等。其中 ECM 及仪表系统电控单元中分别设有 120Ω 电阻,其余电控单元没有此电阻。此外,还有 DLC3 诊断接口与 CAN 系统相连。图 9-11 所示为丰田卡罗拉 GL 型 CAN 总线系统布置图,图 9-12 所示为丰田卡罗拉 GL 型 CAN 总线系统组件连接图。

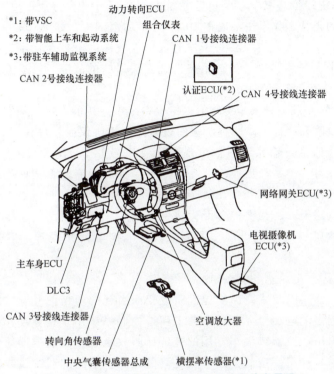

图 9-11 丰田卡罗拉 GL 型 CAN 总线系统布置图

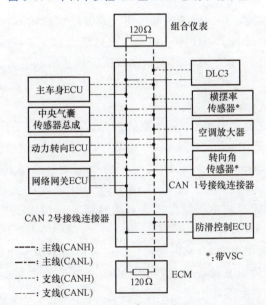

图 9-12 丰田卡罗拉 GL 型 CAN 总线系统组件连接图

9.3.5 CAN 总线系统故障诊断与检测

CAN 通信系统的故障一般有 3 种:第一类是电源系统故障,由于电源系统电压低，引起控制器无法正常工作；第二类是节点故障，多路信息传输系统的节点为网络连接的各个电控单元，因此节点故障即电控单元本身有故障；第三类是链路故障，因多路信息传输系统的链路不畅通或物理性质被改变，导致数据无法正常通信。

1）电源系统故障。汽车多路传输系统的核心部分是含有通信 IC 芯片的电控单元，电控单元的正常工作电压一般在 10.5~15V 的范围内，如果汽车电源系统提供的工作电压低于该值，就会使一些对工作电压要求较高的电控单元出现短暂的停止工作，进而使整个汽车多路信息传输系统出现无法通信的故障。修复方法是给蓄电池充电，使蓄电池电压保持在 10.5V 以上。

2）节点故障。节点是汽车多路信息传输系统中连接的各个电控单元，它包括电控单元的软件故障和硬件故障两种。软件故障即传输协议或软件程序有缺陷或冲突，进而使汽车多路信息传输系统通信出现混乱或无法工作。这种故障一般成批出现，且无法维修。还有一类是新更换的节点（电控单元）没有激活或匹配软件，致使新更换的节点软件不能正常工作而出现节点故障。硬件故障一般是由于电控单元内通信芯片或集成电路损坏，使电控单元无法工作而造成汽车多路信息传输系统无法正常工作。这种故障一般单独出现，可采用更换电控单元并重新自适应匹配的方式修复。

3）链路故障。链路指各节点间的通信连接线路。链路故障即数据通信线路出现故障，如短路、断路以及线路因物理性质改变而引起的通信信号衰减或失真，这些因素常常会引起多个电控单元无法正常工作或控制系统出现错误动作。判断是否为链路故障一般采用示波器或汽车专用的光纤诊断仪，观察当前数据通信信号是否与标准数据通信信号相符。维修方法一般是修复短路、断路的双绞线线路，或消除改变双绞线物理性质的根源等。

汽车 CAN 总线系统常见的故障，可采用下列方法进行故障诊断检测。

1）故障代码诊断分析。可使用丰田专用故障诊断仪 IT2 或金德 KT600 故障诊断仪等设备调取故障码，根据故障码的提示，按照维修手册的要求，进行检测。

2）数据流分析。与一般电控系统数据分析一样，CAN 系统故障也会造成相关数据发生变化，以此进行故障判断检测。

3）波形分析。这是判断 CAN 总线系统链路故障的主要手段，通过示波器，以波形图的形式检查高速 CAN 与低速 CAN 的工作情况。CAN 总线仅能有两种工作状态，在隐性电位时（逻辑值为 1），两者电压值很接近；在显性电位时（逻辑值为 0），CANH 电压值上升，而 CANL 电压值下降，但两者的差值约为 2.5V，并有 100mV 的波动。在实际检测中，根据示波器的波形显示可以迅速判定总线系统的故障部位。

4）读取测量数据块中的 CAN 通信状态。通过使用丰田专用故障诊断仪 IT2 或金德 KT600 故障诊断仪读取某控制单元数据块，可以观察有哪些控制单元与之发生信息交流以及工作状态是否正常。如果某控制单元显示 1，表示正在被执行自诊断的控制单元上接收信息；如果显示 0，则表示正在被执行自诊断的控制单元没有从该控制单元上接收信息，原因可能是到组合仪表之间的连线断路或没有安装该控制单元。

5）终端电阻的测量。由于带有终端电阻的两个控制单元是相连的，所以两个终端电阻是并联的。当测量的结果为每一个终端电阻大约为 120Ω，而总值为 60Ω 时，可以判断连接电阻是正常的，但是终端电阻不一定就是120Ω，其相应的阻值依赖于总线的结构。如果总的阻值被测量后，将一个带有终端电阻的控制单元插头拔下，显示阻值发生变化，这是测量的一个控制单元的终端电阻阻值。如果在一个带有终端电阻的控制单元插头拔下后测量的阻值没有发生变化，则说明系统中存在问题，可能是被拔下的控制单元终端电阻损坏或是 CAN 系统出现断路。如果在拔下控制单元后显示的阻值变化无穷大，则可能是连接中的控制单元终端电阻损坏，或是该控制单元的 CAN 系统出现故障。测量时，应注意在拆下蓄电池电压线时，等待约 5min，直到所有的电容器充分放电后再开始进行。

6）CAN 导线维修。如果 CAN 导线有破损或断路，进行焊接维修后，要用绝缘胶带缠绕维修部位，CANH 与 CANL 导线束需合在一起安装，之间的长度之差应≤100mm，在连接器周围使绞线留出约 80mm 的松弛长度。如果需要在中央接点处维修，则严禁打开接点，只允许在距接点 100mm 以外断开导线。此外，每条 CAN 导线长度不应超过 5m，否则导线所传输的脉冲信号会失真。

9.4 LIN 总线网络系统

> **学习目标**
> - 了解 LIN 的发展。
> - 掌握 LIN 的特点。
> - 掌握 LIN 的结构与协议。

9.4.1 LIN 的发展

局部连接网络（Local Interconnect Network，LIN）是由奥迪、宝马、Daimler Chrysler、摩托罗拉、VCT（Volcano Communications Technologies）、Volkswagen 等公司和部门（LIN 联合体）提出的一个汽车底层网络协议。其目的是给出一个价格低廉、性能可靠的低速网，在汽车网络层次结构中作为低端网络的通用协议，并逐渐取代目前各种各样的低端总线系统。这个标准与其相应的开发、测试以及维护平台的应用，将会降低车上电子系统开发、生产、使用和维护的费用。LIN 系统保证网络节点软件与硬件的互用性和可预测的电磁兼容特性（EMC）。LIN 典型的应用是车上传感器和执行器的联网。按 SAE 的车上网络等级标准，LIN 属于汽车上的 A 级网络。

从某种意义上来讲，LIN 是 CAN 的经济版通信网络，其可定位于低于 CAN 的通信层。车门模块如图 9-13 所示。LIN 在汽车上的应用如图 9-14 所示。

9.4.2 LIN 的特点

LIN 协议是以广泛应用的 SCI（UART）为基础定义的，它支持与这类产品的连接。LIN 采用单主/多从带信息标示的广播式信息传输方式，网络节点根据在通信中的地位分为主节点和从节点。为了降低成本，在 LIN 网络中，从节点的同步不需要固定的时间基准。LIN 物理层是根据汽车故障诊断系统标准 ISO9141 拟定的 12V 单总线，满足汽车环境的 EMC、ESD 和抗噪声干扰要求。LIN 提供了一种在不需要更高通信频带环境中应用的廉价高效的通信网络标准。

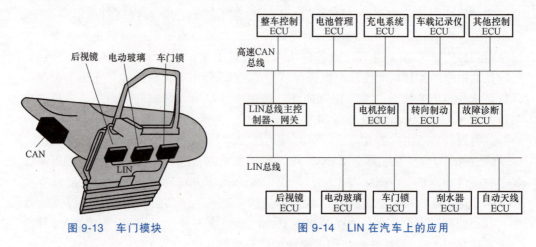

图 9-13 车门模块

图 9-14 LIN 在汽车上的应用

LIN 配置语言给出在开发中描述系统结构和系统特性（如节点、接口、延时等）的标准。按照这个标准，来自不同开发商的数据库、网络设备、网络分析、仿真工具可以互相兼容。

LIN API 提供了应用程序与 LIN 通信系统软件的调用接口，这是一个比较简单但对提高系统设计效率非常有效的标准。

LIN 系统具有以下一些特性：

1）单主/多从结构。
2）基于 UART/SCI 接口的廉价硬件实现。
3）从节点无振荡器的自同步功能。
4）保证延时和信号传输的正确性。
5）廉价的单总线结构。
6）数据传输速率为 20kbit/s。
7）一帧信息中数据长度为 2B、4B 或 8B。
8）系统配置灵活。
9）带同步的广播式发送/接收方式。
10）具有数据累加和校验（Data-Checksum）及错误检测功能。
11）具有故障节点的检测功能。
12）使用廉价的单片元器件。传输途径（按 ISO9141）为廉价的单线传输方式，最长可达 40m。

9.4.3 LIN 结构与协议

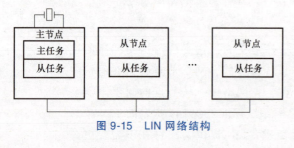

图 9-15 LIN 网络结构

LIN 网络结构如图 9-15 所示，网络由一个节点和多个节点构成，主节点可以执行主任务也可以执行从任务，从节点只能执行从任务。总线上的信息传送由节点控制。

LIN 网络中信息以帧为单位传输。每个帧包括 3B 的控制与安全信息以及 2B、4B 或 8B 的数据，如图 9-16 所示，每个信息帧由主节点发出的一个 13bit 显性位（低电平）开始，之后主节点接着发送同步域或标识符域（主任务）；从节点发回数据域和校验域（从任务）。

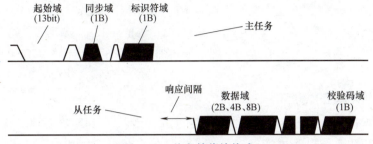

图 9-16　信息帧传输格式

LIN 系统中，除了主节点命名外，节点不使用任何系统结构方面的信息，这使 LIN 具有很多相关的优点。在 LIN 系统中加入新节点时不需要其他从节点作任何软件或硬件的改动。LIN 和 CAN 一样，传输的信息带有一个标识符，它给出的是这个信息的意义或特征，而不是这个信息传输的地址。

受单线传输媒体电磁干扰（EMI）的限制，LIN 最大位流传输速率为 29kbit/s；另一方面，为了避免与实际系统定时溢出时间发生冲突，最小位流传输速率限定为 1kbit/s。在实际应用系统中，建议支持 LIN 的元器件使用如下传输速率：低速使用 2400 bit/s，中速使用 9600bit/s，高速使用 19200 bit/s。

LIN 系统总线的电气性能对网络结构有很大的影响。网络节点数不仅受标识符长度的限制，而且受总线物理特性的限制。在 LIN 系统中，建议节点数不要超过 16 个，否则网络阻抗降低，在最坏工作情况下会发生通信故障。LIN 系统每增加一个节点大约使网络阻抗降低 3%。

节点与总线的接口如图 9-17 所示。电源与 LIN 总线间二极管的作用是：当 VBAT 为低时（本地节点断电或短路等），防止 LIN 总线驱动节点电源线（这将大大增加总线负载）。

LIN 系统支持休眠工作模式。当主节点向网络上发送一个休眠命令时，所有节点进入休眠状态，直到被唤醒之前总线上不会有任何活动。这时总线处于隐性状态，节点没有内部活动，驱动器处于接收状态。

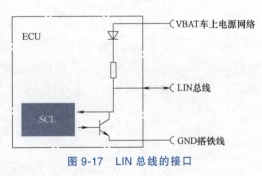

图 9-17　LIN 总线的接口

9.5　MOST 总线网络系统

> 学习目标
>
> - 掌握 MOST 的发展情况。
> - 掌握 MOST 的特点。
> - 掌握 MOST 的基本结构。

9.5.1 MOST 的发展

多媒体定向系统传输（Media Oriented Systems Transport，MOST）是媒体信息传输的网络标准。现已有奥迪、宝马、Chrysler、菲亚特、福特、Opel、Porsche、PSA、SAAB、丰田、大众等汽车公司和博世、德尔福、Fujitsu Ten、英飞凌、摩托罗拉、诺基亚、飞利浦、西门子等几十家汽车部件公司加入在汽车推广使用 MOST 标准的合作机构。

9.5.2 MOST 的特点

MOST 是采用塑料光缆（Plastic Optical Fiber，POF）的网络协议，将音响装置、电视、全球定位系统以及电话等设备相互连接起来，给用户带来了极大的便利。在 MOST 中，不仅对通信协议给出了定义，而且也说明了分散系统的构筑方式。

MOST 网络可以不需要额外的主控计算机系统，结构灵活、性能可靠和易于扩展。MOST 网络光纤作为物理层的传输介质，可以接视听设备一级信息服务设备。MOST 网络支持"即插即用"方式，在网络上可以随时添加和驱除设备。MOST 具有以下基本特征：

1）保证低成本的条件下达到 24.8Mbit/s 的数据传输速率。
2）无论是否有主控计算机都可以工作。
3）使用 POF 优化信息传输质量。
4）支持声音和压缩图像的实时处理。
5）支持数据的同步和异步传输。
6）发送/接收器嵌有虚拟网络管理系统。
7）支持多种网络连接方式。
8）提供 MOST 设备标准。
9）具有方便简洁的应用系统界面。

通过采用 MOST，不仅可以减轻连接各部件的线束的重量、降低噪声，而且可以减轻系统开发技术人员的负担，最终使用户实现各种设备的集中控制。

MOST 与 3 种数据对应，MOST 的特点是利用一个低价的光纤网络，可以传输下述 3 种数据：①同步数据——实时传输音频信号、视频信号等流动型数据；②非同步数据——传输访问网络及访问数据库等的数据包；③控制数据——传输控制报文及控制整个网络的数据。

MOST 是以近似数字电话交换机等使用的"帧同步传输"技术为基础的，因此，通过简单的硬件就可以实现流动型数据的同步传输，只会产生完全可以预测的最小限度的滞后。而与此相比，其他的网络协议对流动数据的处理较为繁琐，在数据的滞后方面还有问题。

从拓扑方式来看，MOST 基本上为一个环状拓扑，如图 9-18 所示。这种拓扑的优点是：在增加节点时，不需要手柄及开关，而且媒体（光纤）没有集中在某特定装置的附近，可以节省光纤；从实际的装车情况来看，光纤正对着连接各电子设备的网络。此外的一个优点是，光纤网络不会受到电磁辐射与搭铁环的影响。

MOST 利用一根光纤最多可以同时传输 15 个频道的 CD 质量的非压缩音频数据，在一个局域网上最多可以连接 64 个节点（装置）。

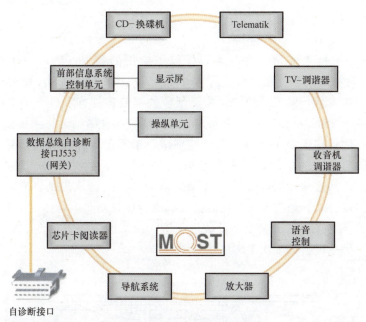

图 9-18　MOST 总线的环形结构

9.5.3　MOST 设备

连接到 MOST 上的任何应用层部分都是 MOST 设备。因为 MOST 设备是建立在 MOST 系统服务层上的，所以它可以应用 MOST 网络提供的信息访问功能以及位流传输的同步频道和数据报文异步传输功能。它可以向系统申请用于实时数据传输的宽带，同时还可以以报文形式访问网络和发送/接收控制数据。在 MOST 网络中，在网络管理系统的控制下，这些设备可以协同工作，它们之间可以同时传输数据流、控制信息和数据报文。

如图 9-19 所示，逻辑上一个 MOST 设备包括节点应用功能块、网络服务接口、发送/接收器以及物理层接口。一个 MOST 设备可以有多个功能，例如使用 CD 需要有"播放""停止"以及"设置播放时间"等功能，这些功能对于 MOST 设备来说是外部可访问的。

典型 MOST 设备的硬件结构如图 9-20 所示，其中 RX 表示输入信号，TX 表示发送信号，CTRL 表示控制信号。在一些简单的设备中，可

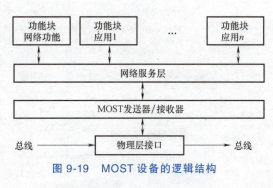

图 9-19　MOST 设备的逻辑结构

以没有微控制器部分，由 MOST 功能模块、MOST 发送器/接收器直接把应用系统连

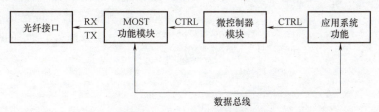

图 9-20　MOST 设备的硬件结构

接到网络上。

9.5.4 MOST 在汽车上的应用

MOST 网络的特点非常适合汽车媒体设备应用的需要，所以汽车行业已经把 MOST 技术作为将来汽车上媒体系统的一个标准。汽车生产商采用 MOST 主要是由于其性能可靠、成本低、系统简单、结构灵活、数据兼容性好和良好的 EMI 性能。使用光纤可以减少 250m 的线束，减小 4.5kg 的质量。这种结构为将来可以随时加入新媒体设备节点的结构提供了基础，而且特别适合于车上媒体设备和信息设备的声控技术应用。随着车上的信息设备不断增加，驾驶中使用这些设备的情况越来越多，通过声控系统访问这些设备是最安全和最经济的方式，被认为是将来车上设备使用的首选人机接口方式。通过 MOST 网络把人机语音接口与车上媒体设备、通信设备以及其他信息设备连接，是实现车上设备语音访问技术的有效方式。图 9-21 所示为车上媒体设备、信息设备的 MOST 网络示意图。

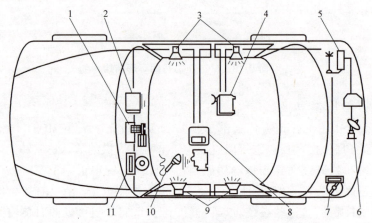

图 9-21　车上媒体设备、信息设备的 MOST 网络示意图

1—计算机及键盘　2—显示器　3、9—音响　4—电视　5—无线信号发送器/接收器　6—卫星信号接收机
7—CD-ROM（电子地图等数据）　8—车载电话　10—语言控制输入接口　11—CD（VCD）播放机

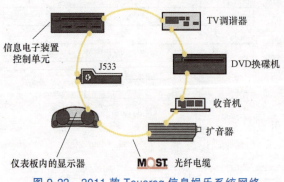

图 9-22　2011 款 Touareg 信息娱乐系统网络

图 9-22 所示为 2011 款 Touareg 信息娱乐系统网络，MOST 数据总线的数据传输速率为 21.2Mbit/s。较高的数据传输速率可确保传输分辨率高的视频数据和音频数据，也可通过数据总线传输控制系统的所有数据。每个控制单元中都安装了光耦合器。光耦合器包括 LED 和光敏晶体管。数据通过 MOST 网络内的光脉冲传输到所有串行连接的控制单元中，每个控制单元都有自己的诊断地址，诊断（除环形中断诊断外）也通过 MOST 数据总线执行。

参 考 文 献

[1] 任成尧. 汽车电工与电子基础 [M]. 3版. 北京：人民交通出版社，2017.
[2] 冯津. 汽车电工电子基础 [M]. 北京：人民交通出版社，2017.
[3] 侯丽春. 汽车电工电子技术 [M]. 北京：机械工业出版社，2016.
[4] 孟涛. 电工电子EDA实践教程 [M]. 2版. 北京：机械工业出版社，2012.
[5] 王水成. 数字万用表使用方法和技巧 [J]. 大众用电，2013，(2)：27-28.
[6] 尹彩锋. 汽车交流发电机的故障诊断 [J]. 汽车电器，2011，(3)：23-24, 27.
[7] 苏雅拉图. 汽车发电机常见故障诊断与排除 [J]. 呼伦贝尔学院学报，2016，(3)：71-73.
[8] 金艳秋. 多车型热式空气流量计故障诊断与分析 [J]. 民营科技，2017，(2)：47.
[9] 谭烈刚. 汽车示波器对点火系统的故障诊断 [J]. 科技创新导报，2009，(30)：255.
[10] 王军. 基于博世KT600汽车示波器的发动机转速传感器检修 [J]. 汽车维修，2016，(7)：40-42.
[11] 陈凡. 汽车高低速CAN总线比较研究 [J]. 公路与汽运，2017，(6)：16-18.
[12] 眭建国. 汽车网络系统故障诊断与检修中存在的问题及解决策略 [J]. 南方农机，2017，(21)：140-141.

目　录

1 知识工作页 ... 1
1.1 直流电路 ... 1
1.2 交流电路 ... 2
1.3 数字电子技术 ... 3
1.4 单片机技术 ... 4
1.5 汽车网络 ... 5

2 实训工作页 ... 6
2.1 基本元器件的测试 ... 6
任务1　电阻的特性及应用——欧姆定律 ... 6
任务2　电容的测量和应用 ... 9
任务3　线圈试验 ... 12
2.2 半导体元器件的测试 ... 15
任务1　二极管和晶体管的测试 ... 15
任务2　二极管的应用 ... 20
任务3　晶体管（PNP、NPN）的应用 ... 23
任务4　比例、求和运算电路 ... 27
2.3 基本定律的验证试验 ... 32
任务1　电铃试验 ... 32
任务2　螺线管试验 ... 35
任务3　安培力试验 ... 37
任务4　电磁铁试验 ... 39
任务5　电灯泡试验 ... 41
2.4 汽车常见传感器的测量和应用 ... 43
任务1　光敏电阻的测量和应用 ... 43
任务2　热敏电阻的测量和应用 ... 46
任务3　压敏电阻的测量和应用 ... 49
2.5 汽车常见执行器的测试 ... 51
任务1　电磁继电器试验 ... 51
任务2　电动机试验 ... 54
任务3　直流发电机试验 ... 57
任务4　交直流发电机试验 ... 59
2.6 逻辑器件（与非）的应用 ... 61
任务1　与门试验 ... 61
任务2　与非门试验 ... 63

1 知识工作页

1.1 直流电路

一、填空题

1. 两个电阻 R_1、R_2 串联，$R_1 : R_2 = 4 : 3$，当电路中的电流一定时，对应的电压之比 $U_1 : U_2 =$ _____，功率之比 $P_1 : P_2 =$ _____。

2. 两个电阻 R_1、R_2 并联，$R_1 : R_2 = 4 : 3$，当电路两端加一定电压时，对应的电流之比 $I_1 : I_2 =$ _____，功率之比 $P_1 : P_2 =$ _____。

二、简答题

1. 一根合金丝两端加 3V 电压时，电阻丝中的电流是 0.15A，则这段合金的电阻是多少？

2. 汽车电路中，其中远光灯的电阻 $R = 2.45\Omega$，功率 $P = 60W$，试计算电压 U 为多少？

3. 把一个 0.33μF 的电容器接在 400V 的直流电源上，求该电容器上所带的电量是多少？

4. 已知 $I_1 = 8A$，$I_2 = -2A$，$I_3 = 3A$，求图 1.1 中流过元件 A 的电流 I_4。

5. 如图 1.2 所示回路中，若已知 $U_1 = 3V$，$U_2 = -2V$，$U_3 = 1V$，$U_4 = 4V$，$U_6 = -5V$，求 U_5 是多少？

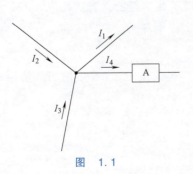

图 1.1

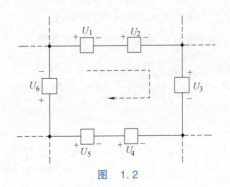

图 1.2

1.2 交流电路

一、填空题

1. 正弦交流电的三要素是_____、_____和_____。
2. 电气设备铭牌上标示的参数一般指交流电的_____（最大值/有效值）。
3. 电的表示方法有_____、_____、_____等。
4. 电阻是_____（耗能元件/储能元件），电感和电容都是_____（耗能元件/储能元件）。
5. 电感在电路中有隔_____（直流/交流）通_____（直流/交流）的作用。
6. 电容在电路中有隔_____（直流/交流）通_____（直流/交流）的作用。

二、判断题

1. 额定电压为220V、额定功率为100W的电炉，当实际电压为110V时，实际功率是50W。（　　）
2. 某电容可以承受250V的电压，若把它直接接到220V、50Hz的正弦交流电上是安全的。（　　）
3. 正弦交流电的周期、频率和角频率是互不相干、各自独立的物理量。（　　）
4. RC 串联电路呈容性。（　　）

三、不定项选择题

1. 两个正弦交流电流的解析式是：$i_1 = 10\sin\left(314t+\dfrac{\pi}{6}\right)$ A，$i_2 = 10\sqrt{2}\sin\left(314t+\dfrac{\pi}{4}\right)$ A，这两个交流电流相同的量是（　　）。
   A. 最大值　　　B. 有效值　　　C. 周期　　　D. 以上都不对
2. 正弦电压 $u_1 = 10\sin(\omega t+15°)$ V，$u_2 = 10\sin(2\omega t-15°)$ V，则 u_1 超前 u_2（　　）。
   A. 30°　　　B. -30°　　　C. 0°　　　D. 以上都不对
3. 感抗反映了电感对电流的阻碍性质。当电感一定时，以下描述正确的是（　　）。
   A. 电流的频率越高，感抗越小
   B. 电流的频率越高，感抗越大
   C. 在直流电路中，电感可视为短路
   D. 以上都不对
4. 容抗反映了电容对电流的阻碍性质。当电容一定时，以下描述正确的是（　　）。
   A. 电流的频率越高，容抗越小
   B. 电流的频率越低，容抗越大
   C. 在直流电路中，电容可视为断路
   D. 以上都不对

四、计算题

已知交流电动势 $e = 311\sin(314t-60°)$ V，试求：最大值 E_m、有效值 E、角频率 ω、频率 f、周期 T、初相 φ。

1.3 数字电子技术

一、简答题

按试题要求在实验板上完成相关实验,记录实验过程或结果,并回答下面的问题。如图 1.3 所示,电路模块所用芯片 74HC04/74HC08/74HC32 分别为非门、与门、或门逻辑运算单元。

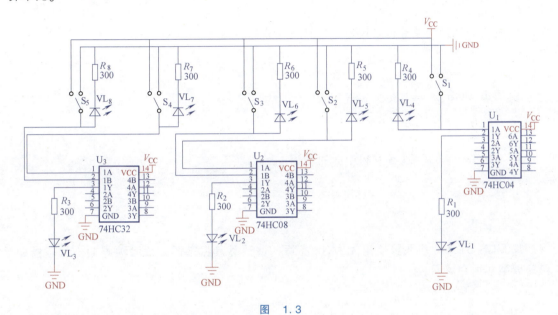

图 1.3

1. 接通电源,当开关 S_1 与电源正极导通时,74HC04 非门逻辑运算单元指示灯 VL_1 _____,指示灯 VL_4 _____。

2. 当开关 S_4、S_5 与电源接地导通时,74HC32 或门逻辑运算单元指示灯 VL_7 _____,VL_8 _____,VL_3 _____;当开关 S_5 与电源正极导通时,指示灯 VL_7 _____,VL_8 _____,VL_3 _____。

二、选择题

1. 逻辑变量的取值 1 和 0 可以表示( )。
   A. 开关的闭合、断开　B. 电位的高、低　C. 真与假　D. 电流的有、无

2. 逻辑表达式 $Y=AB$ 可以用( )实现。
   A. 与门　B. 非门　C. 或门　D. 与非门

3. 当逻辑门的输入端悬空时,相当于输入为逻辑( )。
   A. 0　B. 1　C. 不确定　D. 输入端不能悬空

1.4 单片机技术

一、简答题

1. 请说明单片机、CPU、MCU、ECU、单片机系统、汽车电气系统、微型机之间的关系。

2. 写出 MCS-51 单片机各逻辑结构组成部分的名称。

3. 写出 MCS-51 单片机寻址方式。

4. 写出关于 MCS-51 单片机中断的术语。

二、计算题

某 MCS-51 单片机系统使用 12MHz 晶振,请计算其振荡周期、时钟周期、状态周期、机器周期、指令周期。

1.5 汽车网络

一、不定项选择题

1. 以下关于汽车使用网络系统的优点，描述不正确的是（　　）。
A. 布线简化，成本降低
B. 电控单元之间的交流复杂
C. 传感器数目减少，实现信息资源共享

2. （　　）必须具备有从一个网络协议到另一个协议转换信息的能力。
A. 网关　　　　B. 收发器　　　　C. 控制器

3. （　　）物理层是根据汽车故障诊断系统标准 ISO 9141 拟定的 12V 单总线（Sing-Wire 12V Bus），满足汽车环境的 EMC、ESD 和抗噪声干扰要求。
A. MOST　　　B. CAN　　　　C. LIN

二、判断题

1. CAN 数据总线是用来传输数据的双向数据线，分为 CAN 高位和 CAN 低位数据线。（　　）

2. 拓扑结构就是网络的物理连接方式。（　　）

三、简答题

1. 按照自己的理解，说一说汽车为什么要使用网络系统。

2. 解释 CAN、多路传输、数据总线的含义。

3. LIN 数据总线系统的特性有哪些？与 CAN 相比有何不同？

2 实训工作页

2.1 基本元器件的测试

课程目标

- 通过实验探究电流、电压和电阻的关系。
- 理解欧姆定律,并能进行简单计算。
- 掌握电容的测量方法。

任务1 电阻的特性及应用——欧姆定律

任务目标

- 通过试验探究电流、电压和电阻的关系。
- 理解欧姆定律,并能进行简单计算。

实训任务

- 验证电阻特性。
- 验证欧姆定律。

工具与设备

序号	名 称	型 号	数 量
1	交直流电源		1
2	万用表		1
3	电阻	100Ω	2
4		510Ω	1
5	导线		若干
6	"九宫格"设备		1

信息资料

> 电路图
> 设备使用说明书

任务实施

任务开始前,学生分成小组,并填写下表的内容。

任务名称		小组成员	
设备工具			
资料			
工作计划制订			
教师评语			

知识延展与练习

电阻特性的验证

1. 连接试验电路

试验电路如图 2.1 所示,R 的电阻值为 100Ω。

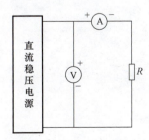

图 2.1 电阻试验原理图

2. 验证欧姆定律

用电压表测出定值电阻 R 两端电压 U，用电流表测出通过 R 的电流 I。试验中调节交直流电源 30201002，取 U 为整数值，记录在下表中，调换不同阻值的电阻，重复上面实验，使电压值保持相同，将数据记录在表中。

	U/V	10V	8V	6V
$R_1 = 100Ω$	I_1/A			
$R_2 = 200Ω$	I_2/A			
$R_3 = 510Ω$	I_3/A			

任务评价

完成任务后，教师根据实际情况填写下表。

序号	评分标准	配分	得分
1	实训准备和实训过程的认真仔细程度和工作态度	10	
2	技术资料应用情况	10	
3	团队实训计划与分工	10	
4	测量与检查记录或文件记录	10	
5	按专业要求做实训任务	10	
6	按专业要求使用量具、检验器具及工具	10	
7	注意遵守劳动与环保规定	10	
8	做好将车辆/系统交给客户之前的准备工作	10	
9	团队配合与沟通	10	
10	完成实训任务中教师的提问	10	
	合计分数		

任务 2　电容的测量和应用

任务目标

- 掌握电容的测量方法。
- 了解 RC 微分电路、积分电路及耦合电路的作用及特点。
- 掌握双踪示波器的使用方法。

实训任务

- 电容的测量。
- RC 电路的矩形脉冲响应。

工具与设备

序号	名　称	型　号	数　量
1	信号发生器		1
2	双踪示波器		1
3	交直流电源		1
4	万用表		1
5	电阻	100Ω	1
6		510Ω	1
7	电容		1
8	开关	双刀双掷	1
9	导线		若干
10	"九宫格"设备		1

信息资料

- 电路图
- 设备使用说明书

任务实施

任务开始前，学生分成小组，并填写下表的内容。

任务名称		小组成员	
设备工具			
资料			

工作计划制订			
教师评语			

知识延展与练习

电容的测量

1. 观测大电容

1）记录：电容型号为_____，电容值为_____，耐压大小为_____。仔细观察电容哪个脚是正极，哪个脚是负极。把万用表旋转到二极管和通断测量档（这两个功能在一个档），用万用表红、黑表笔分别接触大电容正负两极，观察万用表显示情况；等万用表稳定后反接正、负极，观察万用表上读数变化。根据测量情况，分析现象原因：_____
_____。

2）调节信号发生器，产生方波，根据示波器图形分析，输出波形为 1000Hz，即 1kHz，观察矩形脉冲波形，并测出矩形波的 U_m、T（取 $T_P=1/2T$）。

U_m 为_____ div（格），示波器的垂直标称值为_____ V/div，则 U_m =_____ V。

T 为_____ div（格），时基扫描速度标称值为_____ time/div，则 $\dot{\tau}$ =_____ ms。

2. 观测 RC 电路的矩形脉冲响应

测定时间常数 τ，用电容箱、电阻箱按图 2.2 接线，信号发生器为 1000Hz 输出。电容电压的最大值 U_m 为_____ div（格），示波器的垂直标称值为_____ V/div，则 U_m =_____ V。τ 为_____ div，时基扫描速度标称值为_____ time/div，τ =_____ ms。

3. 观察微分电路的输出波形

信号发生器为 1000Hz 输出。

4. 观察积分电路的输出波形

信号发生器为 1000Hz 输出。

5. 观察耦合电路的输出波形

信号发生器为 1000Hz 输出。

以上各项内容均按下表选择 RC 参数，完成下表中各项内容并记录在表中。

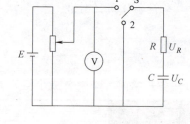

图 2.2　RC 电路

波形名称	RC电路参数	输出电压波形图
输入电压 $U_i(t)$ 波形 $f=1\text{kHz}$	周期 $T=$ 脉宽 $T_p=$ 最大值 $U_m=$	
RC电路瞬变过程,电容电压 $U_o(t)$ 波形	$R=100\Omega$ $C=0.22\mu F$ τ 值:计算值= 实测值=	
微分电路输出电压波形 $U_o(t)$	$R=100\Omega$ $C=0.1\mu F$ 计算 $\tau=$	
	$R=100\Omega$ $C=0.22\mu F$ 计算 $\tau=$	
积分电路输出电压波形 $U_o(t)$	$R=510\Omega$ $C=0.22\mu F$ 计算 $\tau=$	
	$R=100\Omega$ $C=0.1\mu F$ 计算 $\tau=$	
RC耦合电路输出电压波形 $U_o(t)$	$R=2\text{k}\Omega$ $C=0.1\mu F$ 计算 $\tau=$	

6. 试验注意事项

1) 测量前,应把电容器两引脚短路,进行放电,否则可能观察不到读数的变化过程。
2) 在测量过程中,两手不得碰触电容电极,以免仪表跳数。

任务评价

完成任务后,教师根据实际情况填写下表。

序号	评分标准	配分	得分
1	实训准备和实训过程的认真仔细程度和工作态度	10	
2	技术资料应用情况	10	
3	团队实训计划与分工	10	
4	测量与检查记录或文件记录	10	
5	按专业要求做实训任务	10	
6	按专业要求使用量具、检验器具及工具	10	
7	注意遵守劳动与环保规定	10	
8	做好将车辆/系统交给客户之前的准备工作	10	
9	团队配合与沟通	10	
10	完成实训任务中教师的提问	10	
	合计分数		

任务3　线 圈 试 验

任务目标

- 了解电磁感应现象。
- 了解磁感应现象、验证楞次定律。

实训任务

- 研究电磁感应现象。
- 验证楞次定律。

工具与设备

本试验设备有一次线圈A、二次线圈B和软铁心C，如图2.3所示。

图2.3　一次线圈A、二次线圈B和软铁心C

信息资料

- 电路图
- 设备使用说明书

任务实施

任务开始前，学生分成小组，并填写下表的内容。

任务名称		小组成员	
设备工具			
资料			

工作计划制订			
教师评语			

知识延展与练习

1. 验证楞次定律

1)按图2.4连接线路,观察磁铁插入或抽出时,以及磁铁极性改变时,电流计中指示的电流方向的变化。

2)将一次线圈接到3~4V直流电源上,并在电路里串入单刀开关和10Ω滑动变阻器,用一次线圈代替磁铁做上述实验,也出现同样现象。改变通入一次线圈的电流方向,二次线圈中感应电流的方向也随之改变。

3)按照2)中的装置,先把一次线圈插入二次线圈里,再给一次线圈通电。当开关刚接通时或刚切断时,通过二次线圈的磁通发生变化,这时也产生感应电流,且电流方向相反。

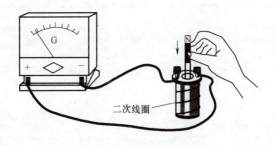

图2.4 电磁感应原理图

改变通入一次线圈的电流方向,重做这个试验,则二次线圈中感应电流的方向随之改变。

4)按照2)中的装置,把一次线圈插进二次线圈里并接通电路,然后利用滑动变阻器来迅速改变通过一次线圈的电流(增大或减小),二次线圈中会产生感应电流,且感应电流的方向与3)一致。

综合上述实验结果并进行分析,即可验证楞次定律。

2. 研究磁感应现象

1)将上述2)装置中的一次线圈置入二次线圈中,待静止后,二次线圈中无感应电流,此时将软铁心C插入或抽出一次线圈中心孔,软铁心被磁化,磁场增强或减弱。二次线圈中的磁通发生变化同样产生感应电流。此实验可以同时说明磁感应和电磁感应现象。

2)在进行各项实验时将软铁心插入一次线圈中心孔,二次线圈中的感应电流增大效果将更加明显。

3. 试验注意事项

1）由于一次线圈的直流电阻很小，所以通过电流不能太大，通电时间不宜过长，电源电压不得超过4V。

2）注意保护胶木骨架，不要让它受到碰击或掉落在地上。

3）仪器使用完毕后应放置在清洁、干燥通风且无腐蚀气体的地方。

完成任务后，教师根据实际情况填写下表。

序号	评分标准	配分	得分
1	实训准备和实训过程的认真仔细程度和工作态度	10	
2	技术资料应用情况	10	
3	团队实训计划与分工	10	
4	测量与检查记录或文件记录	10	
5	按专业要求做实训任务	10	
6	按专业要求使用量具、检验器具及工具	10	
7	注意遵守劳动与环保规定	10	
8	做好将车辆/系统交给客户之前的准备工作	10	
9	团队配合与沟通	10	
10	完成实训任务中教师的提问	10	
	合计分数		

2.2 半导体元器件的测试

课程目标

- 能够使用万用表对二极管和晶体管进行测量，并判别其工作状态。
- 了解二极管的单向导电性、主要参数及伏安特性。
- 能够测试晶体管的输入和输出特性。
- 能够用运算放大器等元件构成反相比例放大器、同相比例放大器、电压跟随器、反相求和电路及同相求和电路。

任务 1 二极管和晶体管的测试

任务目标

- 掌握二极管极性的判别方法。
- 掌握二极管工作状态的判别方法。
- 掌握晶体管的判别方法。

实训任务

- 二极管的测试。
- 晶体管的测试。

工具与设备

序号	名称	型号	数量
1	直流稳压电源	DC12V	1
2	万用表	MF47型（实验室自备）	1
3	直流微安表	（指针式）	1
4	开关	单刀双掷	1
5		双刀双掷	1
6	电阻	2kΩ	1
7		25kΩ	1
8		330kΩ	2
9	电位器	1kΩ	1
10		2.2kΩ	1
11		220kΩ	1
12	二极管	1N4007	1

（续）

序号	名　称	型　号	数　量
13	晶体管	9012	1
14		9013	1
15	导线		若干
16	"九宫格"设备		1

信息资料

> ➢ 电路图
> ➢ 设备使用说明书

任务实施

任务开始前，学生分成小组，并填写下表的内容。

任务名称		小组成员	
设备工具			
资料			
工作计划制订			
教师评语			

知识延展与练习

一、二极管的测试

用万用表判别二极管的阳极和阴极，分别用 R×100 和 R×1k 档测量其正、反向电阻，并记录数据。

二、晶体管的测试

逐点测试法的测试电路如图 2.5 所示。

在放大电路中，必须设置静态工作点，图2.6中为固定偏置电路，调节偏置电阻 R_b，可以调节静态工作点。

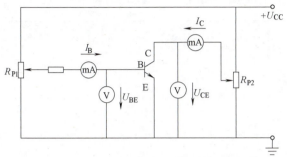

图2.5 测试电路图

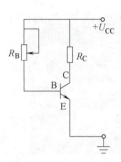

图2.6 固定偏置电路

晶体管的直流（静态）工作状态可以用万用表检测。当晶体管处于截止区时，$U_{CE} = U_{CC}$；当晶体管处于饱和区时，集电极正偏。在实际工作中，常用上述方法来判别放大电路是否正常工作。试验原理图如图2.7所示。

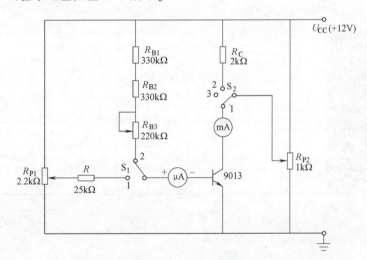

图2.7 试验原理图

用万用表判别 NPN 型和 PNP 型晶体管 E、B、C 3个管脚，将所测数据填入下表中，其中 I_{CEO} 用等值电阻来表示。I_{CEO} 一般情况下不需要测。

测量项目 管型	用R表示 I_{CEO}值	β		判别基极		判别发射极	
		R_{CE}（B、C极间接入电阻R_B）	R_{CE}（B、C极间不接入R_B）	R_{BE}	R_{BC}	（正常放大接法电阻）R_{CE}	（正常放大接法电阻）R_{CE}
9012							
黑表笔所接管脚							
9013							
红表笔所接管脚							

1. 测量晶体管输入特性

按图 2.7 接线，S_1 置于"1"；S_2 置于"3"，使参变量 $U_{CE}=0$；调节 R_{W1} 改变 U_{BE}，使 I_B 为下表所列之值。读出相应的 U_{BE} 值，测取 $I_B=f(U_{BE})|U_{CE}=0$ 特性。

测试条件 U_{BE}/V \ $I_B/\mu A$	0	1	2	3	5	10	20	40	60	80
$U_{CE}=0$										
$U_{CE}=2V$										

S_2 置于"1"，调节 R_{P2}，使参变量 $U_{CE}=2V$，并保持 U_{CE} 值不变；调节 R_{P1} 重复上述步骤，测取 $I_B=f(U_{BE})|U_{CE}=2V$ 特性。

2. 测量晶体管输出特性

调节 R_{P1} 使参变量 I_B 分别为 10μA、20μA、30μA，调节 R_{P2} 使 U_{CE} 为下表所列之值，并作出 $I_C=f(U_{CE})|I_b=$ 常数的特性曲线。

测试条件 I_C/mA \ U_{CE}/V	0	1	2	3	5	10
$I_B=10\mu A$						
$I_B=20\mu A$						
$I_B=30\mu A$						

3. 观察晶体管 3 种工作状态的特性

按图 2.7 接线，S_1 置于"2"，S_2 置于"2"，调节 R_{B3}，观察 I_B 与 I_C 的关系，读出临界饱和时的集电极电流 I_{CS}（$I_{CS}<U_{CC}/R_C=4mA$）和相应的基极电流 I_{BS}。

调节 R_{B3}，分别在 $I_B>=I_{BS}$，$I_B=I_{BS}/2$，$I_B=0$（参考数据为 $I_B=80\mu A$、30μA 及将微安表断开）时，测量晶体管在放大、截止、饱和 3 种状态下的静态工作点。判断晶体管两个结的偏置状态及工作区域。

任务评价

完成任务后,教师根据实际情况填写下表。

序号	评分标准	配分	得分
1	实训准备和实训过程的认真仔细程度和工作态度	10	
2	技术资料应用情况	10	
3	团队实训计划与分工	10	
4	测量与检查记录或文件记录	10	
5	按专业要求做实训任务	10	
6	按专业要求使用量具、检验器具及工具	10	
7	注意遵守劳动与环保规定	10	
8	做好将车辆/系统交给客户之前的准备工作	10	
9	团队配合与沟通	10	
10	完成实训任务中教师的提问	10	
	合计分数		

任务 2　二极管的应用

任务目标

- 能够使用万用表对二极管进行粗测，并判别工作状态。
- 了解二极管的基本特性。
- 掌握二极管在电路中的限幅作用。
- 了解二极管的单向导电性、主要参数及伏安特性。
- 掌握稳压管的测试方法及特性。

实训任务

- 用万用表检测稳压二极管。
- 用万用表检测发光二极管。

工具与设备

序号	名　称	型　号	数　量
1	直流稳压电源		1
2	低频信号发生器		1
3	示波器		1
4	万用表		1
5	二极管	红色发光二极管	1
6		1N4007	1
7		稳压管	1
8	电阻	2kΩ	1
9		10kΩ	4
10		20kΩ	2
11		100kΩ	2
12		1MΩ	1
13	导线		若干
14	"九宫格"设备		1

信息资料

- 电路图
- 设备使用说明书

任务实施

任务开始前，学生分成小组，并填写下表的内容。

任务名称		小组成员	
设备工具			
资料			
工作计划制订			
教师评语			

知识延展与练习

1. 二极管质量的识别

按图 2.8 所示进行二极管质量的识别。

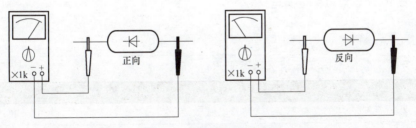

图 2.8 二极管质量的识别

1)模拟表:将红、黑表笔分别接二极管的两个电极;万用表拨到 R×10 档或 R×1k 档,若测得的电阻值很小(几千欧以下),则为正向电阻(黑表笔所接电极为二极管正极,红表笔所接电极为二极管的负极);若测得的阻值很大(几百千欧以上),则为反向电阻(黑表笔所接电极为二极管负极,红表笔所接电极为二极管的正极)。

2)数字表:测二极管时,使用万用表的二极管档位。若将红表笔接二极管阳(正)极、黑表笔接二极管阴(负)极,则二极管处于正偏,万用表有一定数值显示,一般为 0.6V 左右。若将红表笔接二极管阴极、黑表笔接二极管阳极,二极管处于反偏,万用表高位显示为"1"或很大的数值,此时说明二极管是好的。若两次的测量数值均很小,则二极管内部短路;若两次测得的数值均很大或高位为"1",则二极管内部开路。测量二极管的正、反向电阻,填入下表。

	正向电阻	反向电阻	电阻档位	质量差别

2. 用万用表检测稳压二极管

稳压二极管的极性判断方法与普通二极管相同。稳压值的判断电路如图 2.9 所示。

检测稳压管，从小到大调节直流电源的值，观测稳压管两端的电压值 U_o，填入下表。

U_i/V	1	3	8	10
稳压管两端的电压 U_o/V				

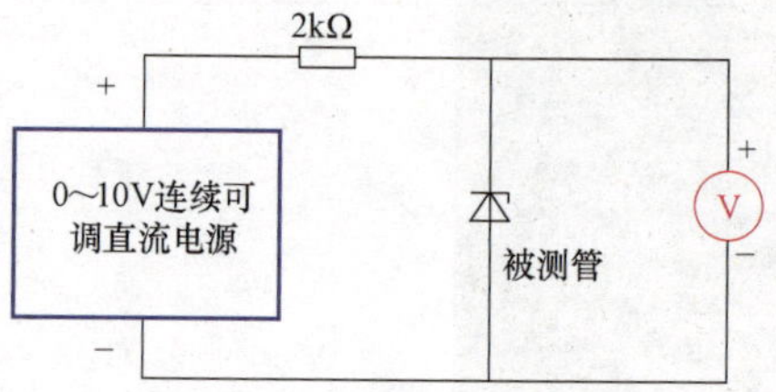

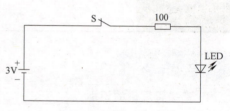

图 2.9 稳压值的判断电路

3. 用万用表检测发光二极管

外接电源测量：用 3V 稳压源或两节串联的干电池及万用表（指针式或数字式皆可）可以较准确测量发光二极管的光电特性。如果测得 V_F 为 1.4~3V，且发光亮度正常，可以说明发光二极管正常。如果测得 $V_F=0$ 或 $V_F≈3V$，且不发光，说明发光二极管已损坏。

根据图 2.10 连接模拟手电筒电路。

图 2.10 手电筒电路

任务评价

完成任务后，教师根据实际情况填写下表。

序号	评分标准	配分	得分
1	实训准备和实训过程的认真仔细程度和工作态度	10	
2	技术资料应用情况	10	
3	团队实训计划与分工	10	
4	测量与检查记录或文件记录	10	
5	按专业要求做实训任务	10	
6	按专业要求使用量具、检验器具及工具	10	
7	注意遵守劳动与环保规定	10	
8	做好将车辆/系统交给客户之前的准备工作	10	
9	团队配合与沟通	10	
10	完成实训任务中教师的提问	10	
	合计分数		

任务3 晶体管（PNP、NPN）的应用

任务目标

- 能够使用万用表对二极管和晶体管进行粗测，并判别晶体管的工作状态。
- 能够测试晶体管的输入和输出特性。
- 掌握晶体管的应用。

实训任务

- 用 NPN 型晶体管组成射极跟随器。
- 用 PNP 型晶体管组成射极跟随器。

工具与设备

序号	名称	型号	数量
1	交直流电源		1
2	万用表	实验室自备	1
3	输入器		1
4	输出器		1
5	晶体管	9012	1
6		9013	1
7	电阻	1kΩ	1
8		10kΩ	1
9	电位器	2.2kΩ	1
10		1MΩ	1
11	电容	10μF	2
12	导线		若干
13	"九宫格"设备		1

信息资料

- 电路图
- 设备使用说明书

任务实施

任务开始前，学生分成小组，并填写下表的内容。

任务名称		小组成员	
设备工具			
资料			
工作计划制订			
教师评语			

知识延展与练习

1. 用 NPN 型晶体管组成射极跟随器

1)按图 2.11 连接电路,给这个电路输入 1kHz、4Vp-p 的正弦波,观察跟随器的输出波形,并将波形图画在下面。

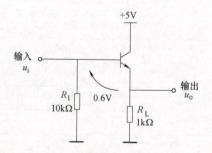

图 2.11 射极跟随器演变为开关电路(一)

2）给这个电路输入 1MHz、0V/+5V 方波，观察跟随器的输出波形，并将波形图画在下面。

2. 用 PNP 型晶体管组成射极跟随器

按图 2.12 连接电路，给这个电路输入 1MHz、0V/+5V 方波，观察跟随器的输出波形，并将波形图画在下面。

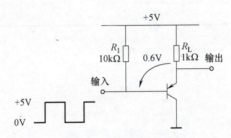

图 2.12　射极跟随器演变为开关电路（二）

3. 晶体管非门

按图 2.11 连接电路，非门的输入端接到 4 位输入器的开关上，输出端接到 4 位输出器的逻辑指示灯上，并用万用表测量输出电压。按下表逐项测量并验证其逻辑功能，测量结果填入表中。

A	F
0	
1	

任务评价

完成任务后,教师根据实际情况填写下表。

序号	评分标准	配分	得分
1	实训准备和实训过程的认真仔细程度和工作态度	10	
2	技术资料应用情况	10	
3	团队实训计划与分工	10	
4	测量与检查记录或文件记录	10	
5	按专业要求做实训任务	10	
6	按专业要求使用量具、检验器具及工具	10	
7	注意遵守劳动与环保规定	10	
8	做好将车辆/系统交给客户之前的准备工作	10	
9	团队配合与沟通	10	
10	完成实训任务中教师的提问	10	
	合计分数		

任务 4　比例、求和运算电路

任务目标

➢ 能够用运算放大器等元件构成反相比例放大器、同相比例放大器、电压跟随器、反相求和电路及同相求和电路。
➢ 掌握它们的主要特点和性能及输出电压与输入电压的函数关系。

实训任务

➢ 用运算放大器等元件构成反相比例放大器、同相比例放大器、电压跟随器、反相求和电路及同相求和电路。

工具与设备

序号	名　称	型　号	数　量
1	交直流电源		1
2	低频信号发生器		1
3	示波器		1
4	万用表		1
5	DC 信号源	-5V ~ +5V	1
6	电阻	100Ω	1
7	电阻	2.4kΩ	1
8	电阻	10kΩ	4
9	电阻	20kΩ	2
10	电阻	100kΩ	2
11	电阻	1MΩ	1
12	集成块芯片	LM741	1
13	导线		若干
14	"九宫格"设备		1

信息资料

➢ 电路图
➢ 设备使用说明书

任务实施

任务开始前,学生分成小组,并填写下表的内容。

任务名称		小组成员	
设备工具			
资料			
工作计划制订			
教师评语			

知识延展与练习

一、反相比例放大器

1. 连接电路

反相比例放大器电路如图 2.13 所示。

按电路图接好线后,仔细检查,确保正确无误。

将各输入端接地,接通电源,用示波器观察是否出现自激振荡。若有自激振荡,则需更换集成运放电路。

2. 调零

各输入端接地,调节调零电位器,使输出电压为零(用数字电压表 200mV 档测量,输出电压绝对值不超过 5mV)。

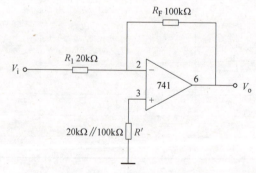

图 2.13 反相比例放大器

3. 理论估算值

分析图 2.13 所示反相比例放大器的主要特点(包括反馈类型),求出下表中的理论估算值。

直流输入电压 V_i/V		0.3	0.5	1	2
输出电压 V_o	理论估算值/V				
	实测值/V				
	误差				

二、同相比例放大器

1. 连接电路

同相比例放大器电路如图 2.14 所示。

按电路图接好线后，仔细检查，确保正确无误。

将各输入端接地，接通电源，用示波器观察是否出现自激振荡。若有自激振荡，则需更换集成运放电路。

2. 调零

各输入端仍接地，调节调零电位器，使输出电压为零（用数字电压表 200mV 档测量，输出电压绝对值不超过 5mV）。

3. 理论估算值

分析图 2.14 所示同相比例放大器的主要特点（包括反馈类型），求出下表中各理论估算值，并定性说明输入电阻和反馈电阻的大小。

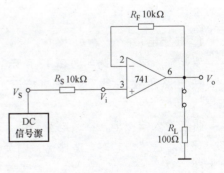

图 2.14 同相比例放大器

	直流输入电压 V_i/V	0.3	0.5	1	2
输出电压	理论估算值/V				
	实测值/V				
	误差				

三、电压跟随器

1. 连接电路

电压跟随器电路如图 2.15 所示。

按电路图接好线后，仔细检查，确保正确无误。

将各输入端接地，接通电源，用示波器观察是否出现自激振荡。若有自激振荡，则需更换集成运放电路。

2. 调零

各输入端接地，调节调零电位器，使输出电压为零（用数字电压表 200mV 档测量，输出电压绝对值不超过 5mV）。

3. 理论估算值

分析图 2.15 所示电路的特点，求出下表中各理论估算值。

图 2.15 电压跟随器

V_i/V	0.5		1	
测试条件	R_S=10kΩ R_F=10kΩ R_L 开路	R_S=10kΩ R_F=10kΩ R_L=100Ω	R_S=10kΩ R_F=10kΩ R_L 开路	R_S=10kΩ R_F=10kΩ R_L=100Ω

	V_i/V	0.5	1
V_o	理论估计值/V		
	实测值/V		
	误差		

4. 测 V_o 值

分别测出上表中各条件下的 V_o 值。

四、反相求和电路

1. 连接电路

反相求和电路如图 2.16 所示。

按电路图接好线后，仔细检查，确保正确无误。

将各输入端接地，接通电源，用示波器观察是否出现自激振荡。若有自激振荡，则需更换集成运放电路。

2. 调零

各输入端接地，调节调零电位器，使输出电压为零（用数字电压表 200mV 档测量，输出电压绝对值不超过 5mV）。

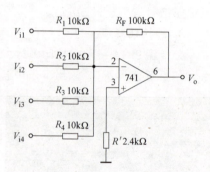

图 2.16 反相求和电路

3. 理论估算值

分析图 2.16 所示反相求和电路的特点。

1) 按静态时运放两个输入端的外接电阻应对称的要求，R' 的阻值应多大？

2) 设输入信号 $V_{i1}=1V$，$V_{i2}=2V$，$V_{i3}=-1.5V$，$V_{i4}=-2V$，试求出 V_o 的理论估算值。

3) 测出 $V_{i1}=1V$，$V_{i2}=2V$，$V_{i3}=-1.5V$，$V_{i4}=-2V$ 时的输出电压值。

五、双端输入求和电路

1. 连接电路

双端输入求和电路如图 2.17 所示。

按电路图接好线后，仔细检查，确保正确无误。

将各输入端接地，接通电源，用示波器观察是否出现自激振荡。若有自激振荡，则需更换集成运放电路。

2. 调零

各输入端接地，调节调零电位器，使输出电压为零（用数字电压表 200mV 档测量，输出电压绝对值不超过 5mV）。

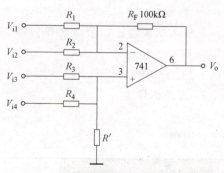

图 2.17 双端输入求和电路

3. 理论估算值

分析图 2.17 所示电路的特点，估算图中电阻 R_1、R_2、R_3、R_4、和 R' 的阻值，要求如下：

1) 使该求和电路的输出电压与输入信号的函数关系是
$$V_o = 10\ (V_{i3} + V_{i4} - V_{i1} - V_{i2})$$
2) $R_1 // R_2 // R_F = R_3 // R_4 // R'$
3) 测出 $V_{i1} = 1V$，$V_{i2} = 1V$，$V_{i3} = -1.5V$，$V_{i4} = 2.5V$ 时的输出电压值。

任务评价

完成任务后，教师根据实际情况填写下表。

序号	评分标准	配分	得分
1	实训准备和实训过程的认真仔细程度和工作态度	10	
2	技术资料应用情况	10	
3	团队实训计划与分工	10	
4	测量与检查记录或文件记录	10	
5	按专业要求做实训任务	10	
6	按专业要求使用量具、检验器具及工具	10	
7	注意遵守劳动与环保规定	10	
8	做好将车辆/系统交给客户之前的准备工作	10	
9	团队配合与沟通	10	
10	完成实训任务中教师的提问	10	
	合计分数		

2.3 基本定律的验证试验

课程目标

- 理解抽象的磁场概念。
- 掌握右手定则。
- 了解电灯泡的结构及发光原理。
- 能够证明电线圈会产生磁场。
- 能够证明电流通过的导体在磁场中要受到力的作用。
- 进一步理解左手定则。

任务1 电铃试验

任务目标

- 演示电铃的工作过程。
- 验证电生磁的原理。

实训任务

- 验证电生磁的原理。
- 理解抽象的磁场概念。

工具与设备

本试验设备如图2.18所示。

图2.18 电铃试验设备

信息资料

> 电路图
> 设备使用说明书

任务实施

任务开始前,学生分成小组,并填写下表的内容。

任务名称		小组成员	
设备工具			
资料			
工作计划制订			
教师评语			

知识延展与练习

1. 验证电铃试验

试验步骤如下:

1) 打开电铃装置的电源开关。

2) 给线圈两端接入 3~12V 直流电源,电流通过开关分别流过线圈1、线圈2、衔铁片到电源负极,使电铃"铃铃"作响,直到关闭电源为止。

2. 试验注意事项

线圈导线不能用手随便触摸,以防线路断开。

任务评价

完成任务后,教师根据实际情况填写下表。

序号	评分标准	配分	得分
1	实训准备和实训过程的认真仔细程度和工作态度	10	
2	技术资料应用情况	10	
3	团队实训计划与分工	10	
4	测量与检查记录或文件记录	10	
5	按专业要求做实训任务	10	
6	按专业要求使用量具、检验器具及工具	10	
7	注意遵守劳动与环保规定	10	
8	做好将车辆/系统交给客户之前的准备工作	10	
9	团队配合与沟通	10	
10	完成实训任务中教师的提问	10	
	合计分数		

任务 2　螺线管试验

任务目标

> 通过给螺线管通电,产生磁场,通过小铁针的排列观察电流磁场的方向。
> 学习右手定则。

实训任务

> 验证电流磁场方向。
> 验证右手定则。

工具与设备

本试验设备如图 2.19 所示。

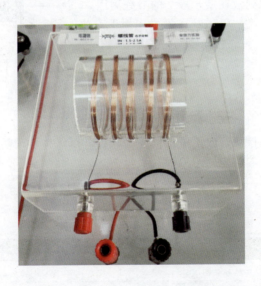

图 2.19　螺线管试验设备

信息资料

> 电路图
> 设备使用说明书

任务实施

任务开始前,学生分成小组,并填写下表的内容。

任务名称		小组成员	
设备工具			
资料			
工作计划制订			
教师评语			

知识延展与练习

螺线管试验

1. 试验步骤

1）将小磁针无序排列放在演示板上的导线周围。

2）线圈通 2.5A 电流，小磁针在磁力作用下产生偏转，在不同的位置上偏转的方向不同，见图 2.20。

3）把两根电源线互换改变电流方向，磁针偏转方向随着改变。

2. 试验注意事项

1）使用时，不可用力过猛，以免损坏仪器。

2）不可与有机溶剂接触，应尽量避免表面摩擦，以保持其透明度。

3）请勿触摸螺线管的铜线，避免铜线断开。

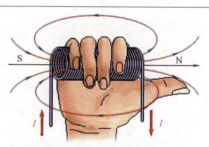

图 2.20 安培定则

任务评价

完成任务后，教师根据实际情况填写下表。

序号	评分标准	配分	得分
1	实训准备和实训过程的认真仔细程度和工作态度	10	
2	技术资料应用情况	10	
3	团队实训计划与分工	10	
4	测量与检查记录或文件记录	10	
5	按专业要求做实训任务	10	
6	按专业要求使用量具、检验器具及工具	10	
7	注意遵守劳动与环保规定	10	
8	做好将车辆/系统交给客户之前的准备工作	10	
9	团队配合与沟通	10	
10	完成实训任务中教师的提问	10	
	合计分数		

任务 3　安培力试验

任务目标

- 证明电流通过的导体在磁场中要受到力的作用。
- 磁场对电流作用力的方向与磁力线的方向有关。
- 验证作用力的大小与磁场强度和电流大小的关系。
- 进一步理解左手定则。

实训任务

- 验证左手定则。
- 验证磁场对电流作用力的方向与磁力线的方向有关。

工具与设备

本试验设备如图 2.21 所示。

图 2.21　安培力试验设备

信息资料

- 电路图
- 设备使用说明书

任务实施

任务开始前，学生分成小组，并填写下表的内容。

任务名称		小组成员	
设备工具			
资料			
工作计划制订			
教师评语			

知识延展与练习

安培力试验

1. 试验步骤

1) 给设备接入 3~6V 直流电。

2) U 形磁铁,通电导体在磁场作用下受力动作。

3) 改变电流方向或调换 U 形磁铁的方向,再做试验,观察通电导体的运行方向。

2. 试验注意事项

1) 试验时,不可用力过猛,以免损坏仪器。

2) 转动轭铁上的弹簧螺钉,即可使弹簧伸缩,使常开/闭触点接触良好。

任务评价

完成任务后,教师根据实际情况填写下表。

序号	评分标准	配分	得分
1	实训准备和实训过程的认真仔细程度和工作态度	10	
2	技术资料应用情况	10	
3	团队实训计划与分工	10	
4	测量与检查记录或文件记录	10	
5	按专业要求做实训任务	10	
6	按专业要求使用量具、检验器具及工具	10	
7	注意遵守劳动与环保规定	10	
8	做好将车辆/系统交给客户之前的准备工作	10	
9	团队配合与沟通	10	
10	完成实训任务中教师的提问	10	
	合计分数		

任务 4　电磁铁试验

任务目标

- 证明电线圈会产生磁场。
- 证明电生磁的原理。

实训任务

- 验证电生磁的原理。
- 验证通电线圈会产生磁场。

工具与设备

本试验设备如图 2.22 所示。

图 2.22　电磁铁试验设备

信息资料

- 电路图
- 设备使用说明书

任务实施

任务开始前,学生分成小组,并填写下表的内容。

任务名称		小组成员	
设备工具			
资料			
工作计划制订			
教师评语			

知识延展与练习

电磁铁试验

1. 给电磁铁线圈通入直流电

给电磁铁线圈通入 1.5~3V 直流电。

2. 观察现象

线圈通电后产生磁场，可吸附铁磁类物质。

3. 试验注意事项

使用时，不可用力拉拽设备，以免损坏。

任务评价

完成任务后，教师根据实际情况填写下表。

序号	评分标准	配分	得分
1	实训准备和实训过程的认真仔细程度和工作态度	10	
2	技术资料应用情况	10	
3	团队实训计划与分工	10	
4	测量与检查记录或文件记录	10	
5	按专业要求做实训任务	10	
6	按专业要求使用量具、检验器具及工具	10	
7	注意遵守劳动与环保规定	10	
8	做好将车辆/系统交给客户之前的准备工作	10	
9	团队配合与沟通	10	
10	完成实训任务中教师的提问	10	
	合计分数		

任务 5　电灯泡试验

任务目标

> 了解电灯泡的结构及发光原理。

实训任务

> 验证发光原理。

工具与设备

本试验设备如图 2.23 所示。

图 2.23　电灯泡试验设备

信息资料

> 电路图
> 设备使用说明书

任务实施

任务开始前,学生分成小组,并填写下表的内容。

任务名称		小组成员	
设备工具			
资料			
工作计划制订			
教师评语			

知识延展与练习

电灯泡试验

1. 试验步骤

1) 给电灯泡接入 DC 3V 电压，灯泡点亮。

2) 在电灯泡电压范围内（3~12V）加大电压，电灯泡亮度随电压的增大而变亮。

2. 试验注意事项

1) 电灯泡属于易碎设备，使用时要小心。

2) 请在额定电压范围内使用，避免电压过高，烧坏电灯泡。

任务评价

完成任务后，教师根据实际情况填写下表。

序号	评分标准	配分	得分
1	实训准备和实训过程的认真仔细程度和工作态度	10	
2	技术资料应用情况	10	
3	团队实训计划与分工	10	
4	测量与检查记录或文件记录	10	
5	按专业要求做实训任务	10	
6	按专业要求使用量具、检验器具及工具	10	
7	注意遵守劳动与环保规定	10	
8	做好将车辆/系统交给客户之前的准备工作	10	
9	团队配合与沟通	10	
10	完成实训任务中教师的提问	10	
	合计分数		

2.4 汽车常见传感器的测量和应用

课程目标

- 掌握光敏电阻的测量方法。
- 掌握热敏电阻的测量方法。
- 探究电流、电压和电阻的关系。
- 理解欧姆定律,并能进行简单计算。

任务1 光敏电阻的测量和应用

任务目标

- 掌握光敏电阻的测量方法。

实训任务

- 光敏电阻的原理验证。

工具与设备

序号	名　称	型号	数量
1	交直流电源		1
2	万用表		1
3	光敏电阻		1
4	导线		若干
5	"九宫格"设备		1

信息资料

- 电路图
- 设备使用说明书

任务实施

任务开始前,学生分成小组,并填写下表的内容。

任务名称		小组成员	
设备工具			
资料			
工作计划制订			
教师评语			

知识延展与练习

光敏电阻的测量试验

1）在常态下，用万用表测量光敏电阻阻值，记录于下表中。

2）用一黑纸片将光敏电阻的透光窗口遮住，用万用表测量光敏电阻此时的阻值，记录于下表中。

3）用手电筒对着光敏电阻透光窗口照射，此时用万用表测量光敏电阻的阻值，记录于下表中。

4）用小黑纸片在光敏电阻的遮光窗上部晃动，使其间断受光，此时观察万用表的状态，记录于下表中。

	常态	遮光	光照	间断受光
阻值/Ω				

按图 2.24 连接电路，接通电源，先观察光敏电阻被光照射时发光二极管的发光情况，再观察光敏电阻被不透明物体遮盖时发光二极管的发光情况。

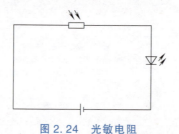

图 2.24　光敏电阻

任务评价

完成任务后,教师根据实际情况填写下表。

序号	评 分 标 准	配分	得分
1	实训准备和实训过程的认真仔细程度和工作态度	10	
2	技术资料应用情况	10	
3	团队实训计划与分工	10	
4	测量与检查记录或文件记录	10	
5	按专业要求做实训任务	10	
6	按专业要求使用量具、检验器具及工具	10	
7	注意遵守劳动与环保规定	10	
8	做好将车辆/系统交给客户之前的准备工作	10	
9	团队配合与沟通	10	
10	完成实训任务中教师的提问	10	
	合计分数		

任务 2 热敏电阻的测量和应用

任务目标

➢ 掌握热敏电阻的测量方法。

实训任务

➢ 热敏电阻的原理验证。

工具与设备

序号	名称	型号	数量
1	交直流电源		1
2	万用表		1
3	热敏电阻	PTC	1
4	热敏电阻	NTC	1
5	导线		若干
6	"九宫格"设备		1

信息资料

➢ 电路图
➢ 设备使用说明书

任务实施

任务开始前,学生分成小组,并填写下表的内容。

任务名称		小组成员	
设备工具			
资料			
工作计划制订			
教师评语			

知识延展与练习

热敏电阻的测量试验

1. 常温检测法（室内温度接近 25℃）

将指针式万用表档位调至电阻档,根据电阻上的标称阻值(热敏电阻的标称阻值通过直接标注的方法标注在电阻的表面)选择万用表的量程(如"R×1k"档),然后将万用表红、黑表笔分别接在热敏电阻两端的两个引脚上测其阻值。正常时所测的电阻值应接近热敏电阻的标称阻值(两者相差在±2Ω内即为正常);若测得的阻值与标称阻值相差较远,则说明该电阻性能不良或已损坏。图 2.25 所示为热敏电阻常温检测法。

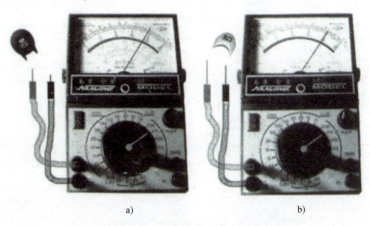

图 2.25　热敏电阻常温检测法
a)NTC 热敏电阻检测　b)PTC 热敏电阻检测

2. 加温检测法

在常温测试正常的基础上,即可进行第二步测试,即加温检测。将热源电烙铁、电吹风等靠近热敏电阻对其加热,同时观察万用表指针的指示阻值是否随温度的升高而增大(或减小),若是则说明热敏电阻正常;若阻值无变化,说明热敏电阻性能不良。图 2.26 所示为热敏电阻加温检测法。

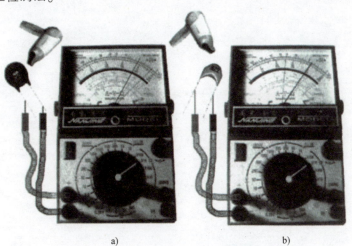

图 2.26　热敏电阻加温检测法
a)NTC 热敏电阻检测　b)PTC 热敏电阻检测

任务评价

完成任务后,教师根据实际情况填写下表。

序号	评分标准	配分	得分
1	实训准备和实训过程的认真仔细程度和工作态度	10	
2	技术资料应用情况	10	
3	团队实训计划与分工	10	
4	测量与检查记录或文件记录	10	
5	按专业要求做实训任务	10	
6	按专业要求使用量具、检验器具及工具	10	
7	注意遵守劳动与环保规定	10	
8	做好将车辆/系统交给客户之前的准备工作	10	
9	团队配合与沟通	10	
10	完成实训任务中教师的提问	10	
	合计分数		

任务 3 压敏电阻的测量和应用

任务目标

- 探究电流、电压和电阻的关系。
- 理解欧姆定律,并能进行简单计算。

实训任务

- 压敏电阻的原理验证。

工具与设备

序号	名称	型号	数量
1	交直流电源		1
2	万用表		1
3	压敏电阻		1
4	双运放电路	LM358	1
5	导线		若干
6	"九宫格"设备		1

信息资料

- 电路图
- 设备使用说明书

任务实施

任务开始前,学生分成小组,并填写下表的内容。

任务名称		小组成员	
设备工具			
资料			
工作计划制订			
教师评语			

知识延展与练习

压敏电阻的测量试验

1) 将万用表置用于 R×10k 档，表笔接于压敏电阻两端，万用表上显示阻值为_____。

2) 在压敏电阻两端加上可调电压，并联一电压表，并在回路中串联一电流表监测，按下表慢慢升高电压，当电流出现剧增时，此时的电压值为该压敏电阻的击穿电压参数。

U/V	2	4	6	8	10	12
I/A						

3) 按图 2.27 连接电路，用压敏电阻作为集成电路（IC）浪涌吸收器的电路。电敏电阻将过电压限幅再经 RC 积分电路进一步消除噪声影响，使 IC 得到保护。R 取 100Ω，C 取 47μF，画出输出波形。

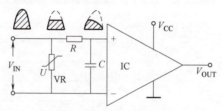

图 2.27 压敏电阻试验电路

任务评价

完成任务后，教师根据实际情况填写下表。

序号	评分标准	配分	得分
1	实训准备和实训过程的认真仔细程度和工作态度	10	
2	技术资料应用情况	10	
3	团队实训计划与分工	10	
4	测量与检查记录或文件记录	10	
5	按专业要求做实训任务	10	
6	按专业要求使用量具、检验器具及工具	10	
7	注意遵守劳动与环保规定	10	
8	做好将车辆/系统交给客户之前的准备工作	10	
9	团队配合与沟通	10	
10	完成实训任务中教师的提问	10	
	合计分数		

2.5 汽车常见执行器的测试

课程目标

➢ 理解与研究电磁继电器的基本结构及工作原理。
➢ 掌握电动机工作的旋转原理。
➢ 掌握发电机的工作原理。
➢ 理解交直流发电机的构造和工作原理。

任务 1　电磁继电器试验

任务目标

➢ 理解与研究电磁继电器的基本结构及工作原理。
➢ 掌握电磁原理。

实训任务

➢ 电磁继电器试验。

工具与设备

本试验设备如图 2.28 所示。

1）温度：-10~+40℃，湿度不大于 85%RH。
2）工作电压：直流 9V。
3）工作电流：60±10mA。

图 2.28　电磁继电器试验设备

信息资料

> 电路图
> 设备使用说明书

任务实施

任务开始前,学生分成小组,并填写下表的内容。

任务名称		小组成员	
设备工具			
资料			
工作计划制订			
教师评语			

知识延展与练习

电磁继电器原理试验

1. 试验步骤

1)按图 2.29 所示连接电路。

2)接入 9V 直流电源,还可配备其他被控仪器(如指示灯、演示电动机等)进行演示。

3)电磁线圈通电,产生磁性,将衔铁吸下,动断触点断开,动合触点闭合。

4)断开电源,电磁线圈断电,磁性消失,弹簧拉起衔铁,动合触点断开,动断触点闭合。

2. 试验注意事项

1)使用时,不可用力过猛,以免损坏仪器。

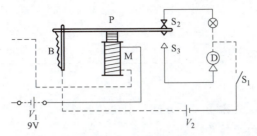

图 2.29 试验原理图

2) 转动轭铁上的弹簧螺钉，即可使弹簧伸缩，使常开/闭触点接触良好。

任务评价

完成任务后，教师根据实际情况填写下表。

序号	评分标准	配分	得分
1	实训准备和实训过程的认真仔细程度和工作态度	10	
2	技术资料应用情况	10	
3	团队实训计划与分工	10	
4	测量与检查记录或文件记录	10	
5	按专业要求做实训任务	10	
6	按专业要求使用量具、检验器具及工具	10	
7	注意遵守劳动与环保规定	10	
8	做好将车辆/系统交给客户之前的准备工作	10	
9	团队配合与沟通	10	
10	完成实训任务中教师的提问	10	
	合计分数		

任务 2　电动机试验

任务目标

- 熟悉电动机的主要结构。
- 掌握电枢转向与电流方向、磁力线方向间的关系。
- 掌握电动机工作的旋转原理。

实训任务

- 电磁继电器试验。

工具与设备

本试验设备如图 2.30 所示。

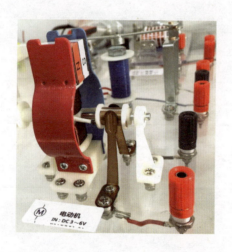

图 2.30　电动机原理试验

信息资料

- 电路图
- 设备使用说明书

任务实施

任务开始前，学生分成小组，并填写下表的内容。

任务名称		小组成员	
设备工具			
资料			
工作计划制订			
教师评语			

知识延展与练习

电动机原理试验

1. 试验步骤

1）做直流电动机试验时，将 3~6V 直流电压接入两接线柱，电动机正常运转，转速随电压增大而增大；如不运转，可用手调整。

2）特别注意接通电源前，两电刷切忌接触同一换向片，以免造成短路。

3）断开电源，电动机停止运作。

2. 试验注意事项

1）使用前详细阅读说明书，熟悉仪器的性能、结构、原理和使用方法，以免使用不当损坏仪器。

2）使用后请按原位置放好，以免配件散失影响下次试验进行；防止高温、潮湿、碰撞。

3）请勿触摸电枢的铜线，避免铜线断开。

任务评价

完成任务后,教师根据实际情况填写下表。

序号	评 分 标 准	配分	得分
1	实训准备和实训过程的认真仔细程度和工作态度	10	
2	技术资料应用情况	10	
3	团队实训计划与分工	10	
4	测量与检查记录或文件记录	10	
5	按专业要求做实训任务	10	
6	按专业要求使用量具、检验器具及工具	10	
7	注意遵守劳动与环保规定	10	
8	做好将车辆/系统交给客户之前的准备工作	10	
9	团队配合与沟通	10	
10	完成实训任务中教师的提问	10	
	合计分数		

任务 3　直流发电机试验

任务目标

> 理解电磁感应定律。
> 掌握发电机的工作原理。

实训任务

> 手摇直流发电机试验。

工具与设备

手摇直流发电机装置如图 2.31 所示。

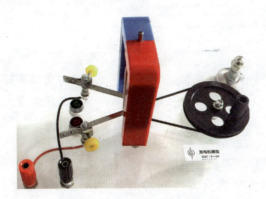

图 2.31　手摇直流发电机装置

信息资料

> 电路图
> 设备使用说明书

任务实施

任务开始前,学生分成小组,并填写下表的内容。

任务名称		小组成员	
设备工具			
资料			

任务名称		小组成员	
工作计划制订			
教师评语			

知识延展与练习

直流发电机原理试验

1. 试验原理

1) 使用时用传动带将大小带轮套起来,同时使电刷与集流半环接触良好。

2) 通过摇把转动大小带轮带动电枢旋转,此时一只二极管发光。

3) 变换旋转方向转动,另一只二极管发光。

2. 试验注意事项

1) 电枢导线与集流环及二极管焊接处不能用手随便触摸,以防线路断开。

2) 试验过程中,请勿拉拽拆卸转轮传动带,防止传动带变松打滑或断裂影响试验效果。

任务评价

完成任务后,教师根据实际情况填写下表。

序号	评分标准	配分	得分
1	实训准备和实训过程的认真仔细程度和工作态度	10	
2	技术资料应用情况	10	
3	团队实训计划与分工	10	
4	测量与检查记录或文件记录	10	
5	按专业要求做实训任务	10	
6	按专业要求使用量具、检验器具及工具	10	
7	注意遵守劳动与环保规定	10	
8	做好将车辆/系统交给客户之前的准备工作	10	
9	团队配合与沟通	10	
10	完成实训任务中教师的提问	10	
	合计分数		

任务 4　交直流发电机试验

任务目标

> 理解交直流发电机的构造和工作原理。
> 掌握电磁感应定律。
> 验证发电机的工作原理。

实训任务

> 手摇交直流发电机试验。

工具与设备

本试验设备如图 2.32 所示。

图 2.32　手摇交直流发电机试验

信息资料

> 电路图
> 设备使用说明书

任务实施

任务开始前,学生分成小组,并填写下表的内容。

任务名称		小组成员	
设备工具			
资料			

工作计划制订			
教师评语			

知识延展与练习

交直流发电机原理试验

1. 交流发电机演示

测电压、电流：将演示电流计的直流 0~10V 通路板接好，刻度板用 100-0-100 分度的，将指针放至中间零度，用两根导线将发电机的输出接至演示电流计，把两个电刷分别移到两个铜环的两侧，缓慢转动大轮，电表的指针左右摆动，说明发电机产生了交流电。

2. 直流发电机演示

把两个电刷移到两个铜环的中间，匀速摇动大轮，电表的指针向一边偏转，发电机先前产生的交流电经过铜半环整流获得了直流电，红色指示灯点亮，绿色指示灯熄灭。改变转子的转动方向，则电表的指针方向也跟着改变，表明发电机发生的电流方向发生了变化，红色指示灯熄灭，绿色指示灯点亮。可以观察到电动势或电流方向符合发电机的右手定则。

3. 试验注意事项

1) 试验过程中请勿拉拽拆卸转轮皮带，防止皮带变松打滑或断裂影响试验效果。

2) 电枢导线与换向集流装置不能用手随便触摸，以防线路断开。

任务评价

完成任务后，教师根据实际情况填写下表。

序号	评分标准	配分	得分
1	实训准备和实训过程的认真仔细程度和工作态度	10	
2	技术资料应用情况	10	
3	团队实训计划与分工	10	
4	测量与检查记录或文件记录	10	
5	按专业要求做实训任务	10	
6	按专业要求使用量具、检验器具及工具	10	
7	注意遵守劳动与环保规定	10	
8	做好将车辆/系统交给客户之前的准备工作	10	
9	团队配合与沟通	10	
10	完成实训任务中教师的提问	10	
	合计分数		

2.6 逻辑器件（与非）的应用

课程目标

➢ 熟悉并掌握与门电路的逻辑功能。
➢ 熟悉并掌握与非门电路的逻辑功能。

任务 1　与门试验

任务目标

➢ 熟悉并掌握与门电路的逻辑功能。

实训任务

➢ 与门电路验证试验。

工具与设备

序号	名称	型号	数量
1	交直流电源		1
2	输入器		1
3	输出器		1
4	14 芯 IC 插座		2
5	集成芯片	74LS04	若干
6		74LS08	若干
7	导线		若干
8	"九宫格"设备		1

信息资料

➢ 电路图
➢ 设备使用说明书

任务实施

任务开始前，学生分成小组，并填写下表的内容。

任务名称		小组成员	
设备工具			
资料			
工作计划制订			
教师评语			

知识延展与练习

验证与门 74LS08 的逻辑功能

将与门的两输入端分别接到 4 位输入器的开关上,输出端接到 4 位输出器的逻辑指示灯上,并用万用表测量输出电压。按下表逐项测量并验证其逻辑功能,测量结果填入表中。

输入端		输出端	
S_1	S_2	LED 指示	电压表测量/V
0	0		
0	1		
1	0		
1	1		

任务评价

完成任务后,教师根据实际情况填写下表。

序号	评分标准	配分	得分
1	实训准备和实训过程的认真仔细程度和工作态度	10	
2	技术资料应用情况	10	
3	团队实训计划与分工	10	
4	测量与检查记录或文件记录	10	
5	按专业要求做实训任务	10	
6	按专业要求使用量具、检验器具及工具	10	
7	注意遵守劳动与环保规定	10	
8	做好将车辆/系统交给客户之前的准备工作	10	
9	团队配合与沟通	10	
10	完成实训任务中教师的提问	10	
	合计分数		

任务 2　与非门试验

任务目标

> 熟悉并掌握与非门电路的逻辑功能。

实训任务

> 与非门电路验证试验。

工具与设备

序号	名称	型号	数量
1	交直流电源		1
2	输入器		1
3	输出器		1
4	14芯IC插座		2
5	集成芯片	74LS04	若干
6		74LS08	若干
7	导线		若干
8	"九宫格"设备		1

信息资料

> 电路图
> 设备使用说明书

任务实施

任务开始前，学生分成小组，并填写下表的内容。

任务名称		小组成员	
设备工具			
资料			

工作计划制订	
教师评语	

知识延展与练习

验证与非门的逻辑功能

运用集成芯片 74LS04 和 74LS08 组合成与非门,自行设计电路图。与非门的两输入端分别接到 4 位输入器的开关上,输出端接到 4 位输出器的逻辑指示灯上,并用万用表测量输出电压。按下表逐项测量并验证其逻辑功能,测量结果填入表中。

输入端		输出端	
S_1	S_2	LED 指示	电压表测量/V
0	0		
0	1		
1	0		
1	1		

任务评价

完成任务后,教师根据实际情况填写下表。

序号	评分标准	配分	得分
1	实训准备和实训过程的认真仔细程度和工作态度	10	
2	技术资料应用情况	10	
3	团队实训计划与分工	10	
4	测量与检查记录或文件记录	10	
5	按专业要求做实训任务	10	
6	按专业要求使用量具、检验器具及工具	10	
7	注意遵守劳动与环保规定	10	
8	做好将车辆/系统交给客户之前的准备工作	10	
9	团队配合与沟通	10	
10	完成实训任务中教师的提问	10	
	合计分数		